LE

COMTE DE PARIS

SA NAISSANCE

SON ÉDUCATION, SES IDÉES

SES DROITS

ATTITUDE DES ROYALISTES A SON ÉGARD

PAR

P. De RECQUEM

La France attend une parole :
Le monde a besoin d'un héros.

LAMARTINE.
La naissance du Duc de Bordeaux.

PARIS

DELHOMME ET BRIGUET, ÉDITEURS
13, rue de l'Abbaye, 13

1884

.

LE COMTE DE PARIS

LE

COMTE DE PARIS

SA NAISSANCE

SON ÉDUCATION, SES IDÉES

SES DROITS

ATTITUDE DES ROYALISTES A SON ÉGARD

PAR

P. De RECQUEM

La France attend une parole :
Le monde a besoin d'un héros.

LAMARTINE.
La naissance du Duc de Bordeaux.

PARIS

DELHOMME ET BRIGUET, ÉDITEURS
13, rue de l'Abbaye, 13

—

1884

PRÉFACE.

Il n'est plus, l'auguste Prince en qui la France humiliée, découragée, avait mis sa suprême espérance ; il n'est plus celui en qui nous croyions voir l'homme marqué par son droit, désigné par ses vertus, prédestiné par la Providence pour relever notre malheureux pays. Ah! si la France avait voulu! Il eût été l'héritier, le continuateur des grandeurs et des vertus de ses ayeux, de Louis IX, de Henri IV, de Louis XIV. Mais nous étions indignes d'un tel roi. Et maintenant, il repose dans les plis de ce glorieux drapeau que nous ne verrons plus flotter à la tête de nos armées victorieuses et sur le fronton de nos palais. Il dort sur la terre d'exil, « ce prince si vertueux, si noble et si grand » (1) dont les dernières pensées ont été pour la France.

« Serions-nous chrétiens et Français, si nous n'éprouvions une douloureuse émotion en face du noble prince qui vient de nous être enlevé?

Henri de France est une des plus imposantes figures de notre siècle. Il a forcé ses ennemis politiques eux-mêmes à l'admirer : ils ont loué son caractère cheva-

(1) Allocution de Mgr l'Archevêque de Cambrai à son clergé, V. *Semaine Religieuse* de Cambrai, du 1ᵉʳ septembre 1883.

1

leresque, sa loyauté sans ombre, sa vertu sans tache.

Nous n'entendrons plus cet homme au cœur et à la bouche d'or. Nous ne lirons plus ses lettres où sa belle âme se révélait avec sa claire vue des choses, sa vive affection pour ses amis, sa bienveillance pour tous et son ardent amour pour la France.

Qui d'entre nous ne s'est plu à s'abandonner au charme singulier que revêtait chez lui la langue française? Ses lettres sont des modèles. Ceux qui les liront pourront voir ce qu'il y avait de foi, de grandeur, de politesse exquise et de dévouement généreux dans la vieille France catholique.

Il était roi dans son exil du trône. Il pratiquait les vertus de la royauté sous le regard de Dieu, dont l'amour remplissait sa vie. Lui et sa sainte compagne ont donné au monde un exemple de résignation chrétienne digne d'être écrit en lettres d'or, et cette page apparaîtra, au sein de nos décadences, comme l'arc-en-ciel qui présage des temps meilleurs.

Prions pour le repos de son âme, et demandons à Dieu, qui l'a rappelé à lui, de ne pas nous refuser des hommes d'État chrétiens. (1) »

On nous pardonnera de commencer le travail que nous entreprenons par un dernier hommage à la mémoire de l'incomparable prince que l'Europe catholique pleure, et par quelques détails sur les derniers moments de celui qu'on a appelé « le dernier Bourbon ».

« Monseigneur le Comte de Chambord a rendu sa belle âme à Dieu vendredi 24 août, veille de la fête de son ancêtre saint Louis, à sept heures du matin.

Il a conservé, comme par miracle, a dit le médecin

---

(1) Circulaire de Mgr l'Évêque de Grenoble à son clergé.

qui le soignait, sa lucidité d'esprit jusqu'au dernier moment.

Le lundi 20, l'auguste malade, se sentant finir, a manifesté le désir de voir une dernière fois ses parents réunis à Frohsdorf et de s'entretenir avec eux.

Mme la comtesse de Chambord, redoutant les trop vives émotions d'une pareille entrevue, hésitait à satisfaire ce vœu; mais Monseigneur ayant insisté avec cette énergie qui est le fond de son caractère, et le docteur Mayer n'ayant fait aucune objection, on a prévenu toutes les personnes de la famille.

Il était neuf heures du soir lorsque le comte et la comtesse de Bardi, la grande duchesse de Toscane, la duchesse Marguerite, le duc de Parme ont été introduits.

On avait relevé la tête du malade avec des oreillers. Son visage amaigri semblait transfiguré, et un doux sourire errait sur ses lèvres.

Tous s'agenouillèrent au pied du lit pour entendre les dernières paroles de celui dont les heures étaient désormais comptées.

Quelque violence qu'ils se fissent, ils ne purent retenir leurs sanglots. Alors, Monseigneur étendant les mains :

— Ne pleurez pas! a-t-il dit d'une voix à peine distincte. Ne pleurez pas!... Les desseins de Dieu sont impénétrables!... Mais je meurs avec la conscience d'avoir fait mon devoir de chrétien et mon devoir de roi. Ma mémoire sera chère à la France, que j'ai tant aimée!... Cela doit adoucir vos regrets !...

Puis il a montré du doigt le ciel, et ses paupières se sont fermées doucement, et sa tête est retombée sur l'oreiller.

Le lendemain, mardi 21, voyant la comtesse pleurer, Monseigneur lui a souri tristement, comme s'il lui demandait pardon d'être la cause de tant d'angoisses. Puis, lui prenant la main :

— Dieu est souverainement bon, a-t-il murmuré, puisqu'il place un pareil dévouement à côté de mon lit de souffrance... Il faut que je le remercie, et aussi que je lui demande des forces pour la suprême épreuve... que je sens venir. Mon aumônier est-il là?

Le R. P. Boll était en prières dans la pièce voisine. Appelé par Madame, il s'est approché du lit de Monseigneur et a reçu une fois encore la confession de cette âme chrétienne. Et, après avoir prononcé les paroles de pardon, il a donné l'ordre à quelques serviteurs de disposer la chambre pour l'administration des derniers sacrements.

Tandis qu'on dressait un petit autel entre les deux fenêtres, les parents prévenus, s'agenouillaient comme la veille autour du lit de l'auguste malade. L'approche de Dieu semblait avoir rasséréné et réconforté Monseigneur; une flamme inaccoutumée brillait dans son regard, et c'est d'une voix claire, la voix des bons jours, que, la main étendue sur ces visages penchés pour dissimuler leurs larmes, il a dit :

— La bénédiction de ceux qui meurent dans la paix de Dieu est sacrée... Je meurs plein de foi dans la miséricorde divine... et je vous bénis!...

Pendant ce temps, le bruit que M. le Comte de Chambord allait recevoir l'Extrême-Onction s'était répandu dans le village. Les habitants de Frohsdorf accouraient en foule au château et, avec cette aisance familière à laquelle celui qu'ils appelaient *leur père* les avait habitués, ils ont été admis dans le cabinet de travail, où se tenaient déjà les dames d'honneur de Madame et les gentilshommes de service, et d'où l'on pouvait apercevoir le lit et suivre dans tous les détails l'office divin.

Dans la chambre, outre la comtesse de Chambord et les membres de la famille, étaient M. le comte de Blacas et toute la maison du roi. Le R. P. Boll a dit la messe, assisté de l'abbé Curé. Jusqu'à l'Élévation, la sérénité de Monseigneur ne s'est pas démentie, comme s'il était soutenu par quelque force supérieure, et lorsque l'Hostie sainte eut touché ses lèvres, une joie ineffable s'est répandue sur ses traits amaigris.

Depuis lors, jusqu'au 24, on n'entendit plus guère sortir de ses lèvres que ces mots : France! France! qu'il murmurait sans cesse. « Quelle grandeur, dit le *Salut public*, quelle grandeur dans ce fils des rois mourant loin de son pays en balbutiant le nom de la France, n'ayant que la pensée de la patrie au milieu d'atroces souffrances, et semblant chercher Dieu à travers la mort pour l'implorer en faveur de ce peuple qui s'égare et que menacent d'implacables ennemis! »

Le 23, la bénédiction de Sa Sainteté Léon XIII lui fut apportée pour la seconde fois.

Dans la nuit du 23 au 24, les prières des agonisants furent récitées deux fois.

Enfin, vers sept heures du matin, l'abbé Curé dit d'une voix tremblante d'émotion les paroles qui retentirent aux oreilles du roi martyr : « Fils de saint Louis, montez au ciel! » Et il est allé recevoir, personne n'en doute, une couronne éternelle au lieu de la couronne périssable qui lui était due ici-bas et à laquelle « il ne tenait, observe le *Temps*, que pour ramener à la foi le pays qu'il eût gouverné. »

Le corps du Comte de Chambord a été exposé sur un lit de parade recouvert de velours noir, dans le grand salon du château, transformé en chapelle ardente. Un autel y fut dressé; on y célébra, tous les jours plusieurs messes; ses mains croisées sur la poi-

trine tenaient le crucifix qui a reçu son dernier baiser.
Au-dessus de la tête flottait le drapeau blanc fleurde-
lisé et l'étendard du Sacré-Cœur, percé des balles
prussiennes à Patay et couvert du sang des zouaves
pontificaux pendant la guerre de 1870. C'est sur le
désir exprès du Comte de Chambord, manifesté au
général de Charette, que ce drapeau deux fois sacré
est venu l'ombrager après sa mort.

Le drapeau noir a été arboré au clocher de tous les
villages environnants, à tous les édifices publics et à
un grand nombre de maisons particulières.

L'autopsie faite par M. le Dr Vulpian et ses collègues
a démontré qu'il n'y avait dans le prince aucune trace
de cette affection cancéreuse dont plusieurs l'avaient
dit atteint. Cette dépêche du correspondant de l'*Univers* a été confirmée par l'agence Havas, disant :
« Les médecins n'ont trouvé aucune trace d'affection
cancéreuse. » (1)

N. S. P. le Pape a écrit à Mme la comtesse de Chambord qu'il avait célébré personnellement la messe pour
le repos de l'âme du prince. Sa Sainteté a chargé Son
Exc. Mgr Vannutelli, nonce apostolique, de faire à
Frohsdorf la levée du corps.

Sa Majesté l'empereur d'Autriche est allé de sa
personne porter à Mme la Comtesse l'expression de ses
condoléances.

L'empereur de Russie, le roi d'Espagne, le roi de
Portugal, etc., tous les souverains, excepté le roi

_____

(1) Le mot de *poison*, a été proncé dès que les médecins ont
lancé leurs bulletins obscurs et contradictoires. La presse autrichienne a soutenu que le roi a été empoisonné et il faut convenir
que le rapport du Dr Vulpian n'est pas fait pour éloigner cette
idée. En somme, ainsi que l'a dit le *Gaulois*, « la maladie et la
mort de Monsieur le Comte de Chambord resteront toujours une
« *douloureuse énigme.* »

d'Italie, ont envoyé des télégrammes ou des lettres de condoléance.

La cour de Berlin a ordonné un deuil de huit jours.

Ces hommages souverains n'ont rien qui étonne. Ils s'adressent au représentant de la plus illustre maison du monde, à celui qui, aux yeux de toute l'Europe, était LE ROI, personnifiant en lui la grande monarchie, l'aînée de toutes les autres.

Les hommages des petits et des pauvres ne lui manquent pas plus que ceux des grands. « Jamais peut-être, observe le *Monde*, homme n'aura quitté la terre entouré de pareils hommages d'amour et de respect. »

Le Comte de Chambord réunissait en lui toutes les qualités que la France voit depuis des siècles briller dans la noble race des Bourbons : la majesté de Louis XIV, la charmante bonhomie de Henri IV et les vertus de St-Louis. Esprit d'une rare élévation et d'une culture achevée pour son métier de roi, écrivain qui rappelait le grand siècle, causeur charmant qui enthousiasmait tous ceux qui avaient le bonheur de l'approcher, il avait un cœur qui inspirait une affection sans bornes et un caractère qui toujours et partout commanda à tous le respect.

« L'homme, sa vie, son caractère, ses actes, tout est grand, tout est élevé, tout est profondément français dans M. le Comte de Chambord, dit le *Moniteur universel*. Il n'y a pas de figure plus noble dans l'histoire de ce pays, il n'y en a point qui commande au même degré la sympathie, le respect, l'admiration. »

Mais pourquoi essayer de faire un portrait qui a tenté les meilleurs peintres et leur a fait reconnaître leur impuissance?

Ce que nos lecteurs nous demandent, c'est de leur

expliquer l'énigme de cette vie dont le premier jour
fut salué comme un miracle et comme une bénédiction
pour l'Europe aussi bien que pour la France, et dont
le dernier, dès qu'il put être prévu, suscita de si cruel-
les angoisses et de si ardentes prières sur tous les
points du globe : prières qui semblent n'avoir point été
exaucées, angoisses qu'un prochain avenir doit sans
doute, hélas! justifier (2).

« Qui peut connaître les pensées du Seigneur? demande St Paul; et qui peut entrer dans ses puissances?
avait demandé David. Ses pensées procèdent d'une
sagesse infinie qui embrasse toute la suite des siècles
et toute l'étendue du monde, tandis que ses puissances font jaillir le salut et la vie du sein même de la dé-
faite et de la mort. Nous savons que c'est de lui, et
par lui, et en lui que sont toutes choses; nous savons
encore qu'à lui est la gloire dans les siècles; mais du
reste, nous ne pouvons que nous écrier avec le grand
apôtre : « O profondeur des trésors de la sagesse et de
la science de Dieu! que ses jugements sont incom-
préhensibles et ses voies impénétrables! »

Nous avions cru Henri-Dieudonné armé par St
Michel, dès sa naissance, pour combattre et vaincre la
franc-maçonnerie; et notre âme avait tressailli le jour
où nous l'avons entendu répéter le cri du grand ar-
change : *Quis ut Deus?* Il faut que Dieu règne en
maître en France.

Nous nous étions complu à le considérer comme
l'instrument humain et providentiel de notre régénération. Il avait pour cette grande tâche un prestige incomparable et dont personne ne peut hériter, une étude

_____

(2) « Les prières adressées à Dieu par tout ce qui est catholique
sur la terre, dit l'*Osservatore Romano*, organe du Vatican, n'ont
pu épargner à la France et au monde catholique ce nouveau et
incalculable malheur. »

qui avait su profiter de l'expérience d'un demi-siècle
et des travaux des meilleurs esprits avec qui il s'était
mis en commerce habituel et intime, une largeur de
vues qui faisait appel au concours de toutes les âmes
honnêtes sans acception d'origine ou d'opinion.
L'ordre aurait été rétabli par lui dans les esprits, dans
les cœurs, dans les institutions, avec une autorité sans
égale et une vertu vraiment supérieure, car cette autorité et cette vertu, il voulait les puiser dans l'autorité de Dieu restaurée, base de tous les droits et
source de tous les devoirs.

Nous avions espéré qu'il rétablirait le pouvoir temporel du St-Siège et pacifierait l'Europe déséquilibrée
et inquiète, où tous armés contre tous se ruinent mu-
tuellement, dans la perpétuelle menace de se détruire.
Et l'Europe sent qu'elle vient de perdre le Roi, le vrai
roi qui pouvait régler toutes choses.

Et plus loin, cet Orient immense qui commence à
s'agiter dans le travail de l'enfantement, l'Orient avait
appris de ses vieilles traditions que sa délivrance
serait l'œuvre des fils des croisés, de l'héritier de St
Louis.

France, Europe, Terres des pays encore assis à
l'ombre de la mort, avez-vous manqué à la Providence,
ou la Providence s'est-elle jouée de vous?

L'Europe est coupable et paiera cruellement sa faute
d'avoir, par la Prusse, aujourd'hui son oracle ou plu-
tot son tyran, opposé un *veto* aux aspirations françaises
plusieurs fois manifestées.

Mais la France est bien plus coupable : coupable d'a-
voir laissé parler en són nom ceux qui mettaient la
conservation des principes de 89 au-dessus de la restauration des droits de Dieu; coupable d'avoir incliné
la tête sous le joug de ceux qui veulent tuer les premiers germes de la foi dans le cœur de l'enfant, et,

dans le cœur du vieillard, les espérances éternelles. Par là elle a appelé sur elle les vengeances divines et elle a empoisonné les derniers jours du prince. L'un de ses intimes, le prince de Valori, a dit que dans cette dernière année le Comte de Chambord avait vieilli de dix ans. « Autant l'année dernière j'avais été ravi de sa bonne mine, de sa vigueur, de sa vivacité d'esprit ; autant cette année j'étais étonné et attristé du changement survenu. Il y avait un voile de tristesse sur sa physionomie. » Quel mal le consumait ainsi ? Lui-même s'en est ouvert dans la dernière lettre qu'il a écrite, la lettre à M. Eugène Veuillot à l'occasion de la mort de son frère. « Après avoir tenté d'arracher au père de famille l'âme de son enfant, l'athéisme triomphant n'a-t-il pas la prétention de s'installer au chevet de l'ouvrier chrétien, sur son lit d'hôpital, pour en interdire l'accès au véritable consolateur et à l'unique ami ? »

Voir l'athéisme triomphant en France, et voir la France laissant triompher en paix l'athéisme ! que faire après cela, si ce n'est mourir ?

FRANCE ! FRANCE ! Ce mot qui jaillissait sans cesse de son cœur, au milieu des atroces souffrances de la faim subies pendant deux mois, et jusque dans les angoisses de l'agonie, disait assez quel était son tourment et la véritable cause de son martyre.

« Mes amis, ne pleurez pas sur moi, pensez à la France ! » disait-il encore. Ainsi Jésus sur le chemin du calvaire disait aux saintes femmes : « Ne pleurez pas sur moi, mais sur votre patrie ! » Le sacrifice de Jésus fut le salut du monde. Cette mort d'amour, d'amour de la France, ne sera-t-elle pas le salut de notre pays ?

Jésus mourut malgré le sentiment de Pierre qui disait : « A Dieu ne plaise, Seigneur ! cela ne vous arrivera point. » Que dis-je ? il mourut malgré sa propre prière : « Mon Père, que ce calice passe loin de moi ! »

Mais sa mort, contrairement à l'attente des siens, qui s'en retournaient découragés à leurs filets, fut le salut du monde.

Le martyre de Henri V, martyre de cinquante années d'exil, venant après le martyre de Louis XVI, de Louis XVII, de Marie-Antoinette, de Mme Élisabeth, du duc de Berry, des héros de la Vendée et des héros de Castelfidardo et de Patay, martyre accompagné de tant de vœux et de tant de prières, ne peut pas être et ne sera pas stérile.

Déjà les premiers nous ont montré leur fécondité dans le don qui nous a été fait de Henri de France si bien appelé Dieudonné. Le dernier, celui d'aujourd'hui, nous ouvrira les trésors de la miséricorde divine.

Sous l'étreinte de leur douleur, quelques-uns ont dit peut-être que sa vie n'avait point abouti, et nous avons lu dans un journal qui a plus souvent que d'autres la note juste, cette parole désespérée : « La Révolution est victorieuse absolument. »

L'histoire en jugera bien autrement.

Sans doute, il nous eût été doux de voir Henri ramener sur le sol de notre France le règne de la justice. Mais la vie des peuples est longue, et Dieu lui-même est obligé de compter avec les divers éléments que le cours des siècles et des révolutions y a introduits ; et c'est pourquoi il donne à chacun sa tâche, proportionnée d'une part à la caducité native de l'homme, de l'autre à la grandeur de l'œuvre qu'il veut accomplir.

Henri V a rempli sa mission, nous ne disons pas seulement au point de vue de sa gloire, qui est radieuse et pure comme la lumière des cieux, mais au point de vue de la France et au point de vue de l'Europe, que la France, avec son esprit de prosélytisme, a entraînée à sa suite hors des voies du juste et du bien.

La mission de Henri V, telle que nous pouvons la comprendre en face de son tombeau, était de recueillir, de par-delà les révolutions, et de transmettre à l'avenir le dépôt des saines et vraies traditions françaises, c'est-à-dire catholiques et monarchiques.

Il l'a fait.

Il eût pu renouer la tradition monarchique, mais dans des conditions telles que la tradition chrétienne eût été compromise. Il a préféré garder intact tout le dépôt, laissant à Dieu le soin de le faire revivre quand l'heure en sera venue.

Les générations futures n'auront point assez de voix pour célébrer cet acte qui assurera leur bonheur et dont le passé n'a point donné d'exemple.

Quelle élévation de pensées, quelle générosité de cœur, quel esprit d'immolation ont été révélés au monde en ce jour !

Mais aussi quelle gloire et quel triomphe, à mesure que s'apaiseront les passions du moment et que les préjugés se dissiperont !

Henri V a triomphé comme Pie IX, non point d'un triomphe éclatant aux yeux du vulgaire et vain comme lui, mais d'un triomphe qui grandira avec les siécles et recevra leurs bénédictions.

Par la définition du dogme de l'infaillibilité pontificale, Pie IX a raffermi l'autorité dans l'Église. En refusant un pouvoir qui n'aurait point eu pour base l'autorité de Dieu et pour but le salut du peuple, Henri V a posé le fondement sur lequel l'autorité civile viendra un jour se rasseoir.

Et l'autorité restaurée dans la société civile, unie à l'autorité religieuse reconnue et confessée dans l'Église, vaincront un jour la Révolution pour le bonheur des peuples.

Quand cela arrivera-t-il ?

Aujourd'hui comme hier, « la parole est à la France et l'heure est à Dieu. »

Oui, quoique la France soit maintenant la risée de l'Europe et du monde, c'est toujours à elle que la parole appartient; c'est sa mission, et son tempérament est toujours en rapport avec cette mission, car Dieu n'est point repentant de ses dons.

Au VIIe Dimanche après la Pentecôte, au jour même (1er juillet) où retentit dans nos âmes le cri déchirant : Le Roi est atteint mortellement, — l'Église nous rappelait que notre Dieu est un Dieu dont la Providence ne se trompe pas dans l'arrangement de ses plans divins : *Deus cujus Providentia in sui dispositione non fallitur.* A la France donc de comprendre pour elle-même et de faire comprendre aux peuples et aux rois, qui tous chancellent sur leurs trônes, que Dieu est le souverain Maître des peuples comme des individus, et que les souverains ne sont que ses lieutenants; que sa loi doit être la règle de toutes les lois humaines, et que toute autorité qui n'a point « le droit pour base, l'honnêteté pour moyen et la grandeur morale pour but, » est une autorité qui doit périr, après avoir fait le malheur de ceux qui l'exercent et de ceux sur qui elle est exercée.

Ce testament de Henri V sera exécuté à l'heure voulue de Dieu (1). »

Mais faisons trêve à notre douleur et à nos réflexions, car voici que sur le cercueil à peine fermé de notre roi un *vivat* inattendu a retenti. Vive le Roi ! Comme aux grands jours de la monarchie, lorsqu'au sortir du lugubre appareil de Saint-Denis, on saluait sous les lambris de Versailles, un petit-fils de Louis XIV, des

---

(1) *Semaine Religieuse* de Cambrai, 1er septembre 1883.

français acclament en ce moment, sur la terre étrangère, un nouveau roi.

L'ont-ils reconnu, cet héritier salique, parmi les princes qui entourent le lit funèbre, princes balayés par le souffle des orages, princes découronnés qui, depuis de longues années, vivent près de Henri V, pour apprendre de lui comment on peut être plus grand dans l'exil que sur un trône?

Non; le nouvel élu est un prince d'Orléans. Dès que la nouvelle de la maladie foudroyante et encore inexpliquée du chef de la maison de Bourbon est parvenue jusqu'à lui, il est accouru en toute hâte de son château d'Eu, et le voilà, qui se présente pour réclamer la succession des rois très chrétiens. Assurément, s'il est un personnage que la France ait grand intérêt à connaître, c'est bien celui que beaucoup de royalistes considèrent comme l'héritier politique de M. le Comte de Chambord. Et cependant, combien de ceux qui l'ont acclamé ne le connaissent à peu près que de nom!

Ce qu'il est, ce qu'il pense, ce qu'il a dit ou écrit, quels sont au juste ses droits, on l'ignore assez généralement.

Nous estimons donc qu'une courte étude destinée à mettre dans tout son jour la figure du Prince qui semble appelé à recueillir la difficile succession du dernier Bourbon, ne sera pas sans utilité, et nous l'entreprenons avec l'espoir et la volonté de rester aussi exact qu'impartial.

CHAPITRE I.

M. le Comte de Paris
sa naissance — son éducation — ses idées

Louis-Philippe d'Orléans, comte de Paris, naquit le 24 avril 1838 de Philippe d'Orléans, fils aîné du roi Louis-Philippe et d'une mère allemande luthérienne, la princesse Hélène de Mecklembourg.

Pour faire apprécier la première éducation que reçut M. le Comte de Paris, les principes dont il fut imbu dès son berceau, il est nécessaire que nous disions en peu de mots ce qu'étaient ses parents.

On ne nous accusera pas de calomnier la mémoire du duc d'Orléans en affirmant que, comme son aïeul qui vota la mort de Louis XVI, comme son père qui chassa du trône Charles X et décréta la déchéance des Bourbons, il était un ardent révolutionnaire et un très pauvre catholique ; sa vie le démontre assez et nous en trouvons d'ailleurs la preuve incontestable dans le testament qu'il écrivit avant de partir pour l'expédition des Portes de fer.

Ce document qui révèle la foi aveugle et passionnée

du prince dans la Révolution, fut publié par sa famille après que, par une disposition mystérieuse de la Providence, il eût rencontré la mort sur les pavés du chemin de la Révolte.

On y trouve les instructions que voici : « Que le Comte de Paris soit un de ces instruments brisés avant qu'ils n'aient servi, ou qu'il devienne l'un des ouvriers de cette régénération sociale qu'on n'entrevoit qu'à travers de grands obstacles et peut être des flots de sang ; qu'il soit roi ou qu'il devienne défenseur inconnu et obscur d'une cause à laquelle nous appartenons tous, il faut qu'il soit, *avant tout*, un homme de son temps et de la nation, qu'il soit catholique et *serviteur passionné, exclusif* de la France *et de la Révolution.....*

« Hélène sait que MA FOI POLITIQUE *m'est encore plus chère que* MON DRAPEAU RELIGIEUX, *mes convictions étant après nos affections ce que j'ai de plus cher au monde,* je tiens à les léguer à mon fils. »

Ainsi, le prince dont nous venons d'exposer l'étrange doctrine, veut que son fils soit élevé dans ce culte révolutionnaire et qu'il soit, comme lui, *avant tout*, un serviteur *exclusif et passionné de la Révolution* !

Par ce même testament, le duc d'Orléans confie l'éducation de son jeune fils et l'exécution de ses volontés à sa femme, la princesse Hélène. Celle-ci, nous l'avons dit, était protestante. Louis-Philippe l'avait fait épouser à son fils, en vertu d'un principe qu'il développait plus tard en ces termes : « Partisan du libre exercice des religions, je sens que *le meilleur moyen de le maintenir, c'est d'effacer de l'esprit des hommes l'importance qu'ils mettent à ces différences* » (1).

C'est, sans doute, au nom du même principe de to-

_____

(1) *Moniteur.*

lérance que, peu de jours avant le baptême de M. le Comte de Paris, le roi autorisa la duchesse d'Orléans, à faire voter, dans la réunion des protestants de la rue de Provence, 25,000 fr., pour être accordés « à de nouveaux missionnaires chargés de dissiper les ténèbres de l'*idolatrie* qui couvrent l'esprit et le cœur des catholiques. »

Quoi qu'il en soit, Hélène de Mecklembourg était prédestinée à devenir la femme d'un révolutionnaire. « A seize ans, du fond de sa solitude de Doberan, elle accueillit avec un ardent intérêt les événements de 1830.., tous ses vœux furent, dès l'abord, du côté populaire; chaque jour elle attendait l'arrivée des journaux français avec impatience..... » (1)

Ces paroles significatives se lisent dans son testament daté d'Éisenach, le 1ᵉʳ janvier 1855 : « Que mes fils restent fidèles à leur *foi politique*..... Que la France rendue à sa dignité et à sa liberté, que la France constitutionnelle puisse compter sur eux pour défendre son honneur, sa grandeur et ses intérêts, et qu'elle retrouve en eux *la sagesse* de leur aïeul et les qualités chevaleresques de leur père. *Ils se souviendront toujours des principes politiques qui ont fait* LA GLOIRE DE LEUR MAISON, que leur aïeul a fidèlement servis sur le trône et que leur père (son testament en fait foi) avait adoptés avec ardeur. Ses dernières directions ont été la règle de leur éducation. » (2)

Il ressort donc, des propres aveux de Mᵐᵉ la duchesse d'Orléans, que M. le Comte de Paris a été élevé dans le culte, dans l'amour exclusif et passionné de la Révolution.

(1) (2) V. Madame la Duchesse d'Orléans, p. 27-223. Paris. Michel Lévy, 1859. 4° édition.

Le Prince est-il resté fidèle à ce culte, a-t-il conservé intact cet amour que ses parents lui ont solennellement légué? C'est ce qu'il importe de savoir et
c'est ce que nous allons examiner très impartialement,
à l'aide de documents irrécusables.

En 1854, une tentative de *fusion* eut lieu et avorta
aussitôt. M. le Comte de Paris profita de cette occasion pour écrire à M. Roger, du Nord, une lettre où
l'on trouve une profession de foi qui ne laisse aucun
doute sur ses sentiments.

« POUR MON COMPTE, *je veux*, dit-il, *rester fidèle*
aux principes de conduite qui m'ont été transmis
par le testament de mon père; JE NE ME SÉPARERAI
JAMAIS DU GRAND PARTI LIBÉRAL QUI, EN 1830, A AP-
PELÉ MON GRAND PÈRE AU GOUVERNEMENT CONSTITU-
TIONNEL DE LA FRANCE. »

Rien n'est plus clair, et l'on voit quels engagements solennels M. le Comte de Paris n'hésite pas à
prendre envers la révolution.

Les apologistes du prince nous feront remarquer
sans doute que M. le Comte de Paris était bien jeune
lorsqu'il écrivit cette lettre et que, depuis cette époque,
ses idées ont pu changer.

Voici un autre document qui détruit cette objection,
M. le Comte de Paris avait 33 ans, lorsqu'il adressa
la lettre qui suit à M. Elsingre. (1)

A cet âge, on sait ce que l'on dit et ce que l'on
fait.

_____

(1) Voir le *XIXᵉ siècle*, cité par l'*Ami de l'Ordre*, de Namur (27
octobre 1873.)

York House Twickenham, Middlesex, le 18 janvier 1871.

Monsieur Elsingre,

Voici la lettre du docteur Bourguignon, dont je vous remercie de m'avoir donné communication et qui m'a vivement intéressé.

Quant à l'espèce d'abdication qu'il nous conseille, je lui répondrais, si je pouvais, qu'il n'y a que les *souverains* ou les *prétendants* qui peuvent abdiquer. Ne m'étant jamais posé en prétendant, je n'ai rien à abdiquer. En toute occasion, j'ai bien nettement établi que je ne prétendais qu'à une chose : la jouissance de mes droits de citoyen; que j'étais prêt à servir mon pays de la manière que celui-ci voudrait, mais que je regardais toujours comme le seul et vrai gouvernement de la France celui que mon pays aurait choisi.

La pétition que nous avons adressée au corps législatif, quoiqu'il fut élu sous l'Empire, a été la déclaration la plus éclatante de cette situation. Les offres de service adressées au gouvernement de la Défense Nationale ont été, ce me semble, la meilleure reconnaissance de la République, car, une fois à son service, on doit bien croire que nous l'aurions servie loyalement.

Que pourrions-nous faire de plus?

Reconnaître la République? Mais il n'y a que les puissances étrangères qui reconnaissent un gouvernement.

Quant à nous, simples citoyens, nous n'avons qu'à nous soumettre et le servir.

Nous déclarer républicains? Mais à quoi servirait

cette expression d'opinion qui n'engagerait aucun de nos amis?

- Quant à moi, je sais déjà que je suis infiniment plus républicain que ces derniers; c'est-à-dire que je n'ai aucune de leurs répugnances pour cette forme de gouvernement (1).

Mais ces pompeuses déclarations d'opinions, qui sont ou semblent toujours dictées par l'intérêt personnel, sont des moyens bons pour des Bonaparte, mais pas pour des gens qui veulent être respectés... (2)

L.-P. D'ORLÉANS.

M. le comte de Paris accepte donc purement et simplement la souveraineté nationale. Selon lui, le peuple peut faire *et défaire* les rois et les gouvernements à volonté, follement peut-être, mais avec un indiscutable droit. C'est l'affirmation pure et simple de la doctrine révolutionnaire, et le contraire absolument du principe de légitimité.

Léon XIII dit que « ceux-là se trompent qui regardent le peuple comme l'arbitre des pouvoirs publics. »

Le comte de Paris, lui, regardera toujours comme « le seul et le vrai gouvernement de la France, celui que son pays aura choisi. »

---

(1) Si ce langage est sincère, il démontre ce que serait la royauté du comte de Paris si elle venait à surgir d'un mouvement révolutionnaire.

Ce serait une royauté républicaine!!! Bel espoir pour les catholiques!

(2) *Les gens* qui veulent être respectés devraient rester, avant tout, respectables. Or, on se demande à quelle espèce de respect peut bien prétendre celui qui, ayant l'honneur d'être un prince français, ne craint pas de signer une telle platitude épistolaire?

Ah! je comprends que les légitimistes soient embarrassés avec un pareil chef! Un roi qui n'est pas royaliste!

Plus tard, conformant sa conduite à ses opinions ultra-libérales, le prince voulut porter l'épée, au service d'une triste cause, en Amérique, et il écrivit le récit de ses campagnes dans la *Revue des Deux Mondes* (1er juillet 1874) qui venait de scandaliser même l'*Événement*, par ses ignobles attaques contre les filles de Louis XV. A ce propos, nous croyons devoir citer, comme document, le passage suivant d'une communication adressée le 21 juin 1876, à l'*Echo* journal de la Nouvelle Orléans, par le général américain Beauregard qui joua un rôle si important dans la guerre de la sécession : « J'ai blâmé, dit-il, les princes d'Orléans d'être venus s'immiscer dans une querelle de famille, où ils n'avaient que faire. Je les ai blâmés surtout d'avoir abandonné le général Mac-Clellan à Harisson-Landing, en Virginie, au moment de ses plus grands désastres, montrant par là un manque de courage et de confiance indigne de princes français. »

En ce qui concerne la religion, on ignore à peu près, quelles sont les convictions de M. le Comte de Paris; ce que l'on sait, c'est que, consulté naguère par la *Commission d'enquête sur les conditions du travail en France*, il préconisa les doctrines suivantes : « Je me bornerai à dire que les écoles mixtes ou nationales qui donnent une instruction générale toute laïque, en confiant à certains moments les élèves aux ministres des religions auxquelles ils appartiennent ont eu un grand succès et *promettent d'heureux résultats.....* Aucun catéchisme particulier à aucune religion ne saurait être enseigné dans les écoles. Elles reçoivent de l'État des subventions : ces subventions ne

peuvent jamais être accordées pour l'instruction religieuse. » (1)

Mais, dira-t-on, peut-être l'âge, l'expérience, la
leçon des événements ont pu modifier les idées de M.
le Comte de Paris : la visite du 5 août 1873, prouve du
moins qu'en politique, le prince a singulièrement
changé sa ligne de conduite. Il importe, pour répondre à cette objection, de se rappeler qu'avant la
célèbre entrevue du 5 août, M. le Comte de Paris avait
stipulé que les questions politiques ne seraient pas
abordées « J'ai certaines idées, dit-il, le roi a les
siennes. C'est à lui de les faire prévaloir..... Les
miennes me sont personnelles,.... etc. »

Quelles sont ces idées? en quoi modifient-elles, ou
confirment-elles l'engagement de 1852 : « *Jamais
je ne me séparerai du grand parti libéral qui a porté
mon grand père au trône, en 1830?* » — Nous n'en savons rien. Quant à la véritable portée de l'entrevue du
5 août 1873, nous la trouvons exprimée dans l'organe
le plus autorisé du parti orléaniste à cette époque. Le
Journal de Paris disait au mois de novembre 1873,
par la plume de son rédacteur en chef, M. Hervé :
« Les princes d'Orléans, en allant à Frohsdorf, *n'ont
pas désavoué leurs idées libérales* (2), ils n'ont pas renié le drapeau de la France. *Ils se sont engagés simplement* à ne pas être les compétiteurs de M. le Comte
de Chambord, le jour où l'on voudrait rétablir la monarchie. » C'est là tout et rien de plus. C'est peu, com-

(1) Voir le *Journal de Paris* et le *Journal des Débats* cités par
l'*Univers* du 25 mars 1873.

(2) Le *Petit Moniteur Universel* du 25 novembre, dit de M. le
Comte de Paris :

« En reconnaissant les droits de M. le comte de Chambord, il
n'abjurait ni les principes dans lesquels il avait été élevé, ni les
convictions libérales de toute sa vie.

me le faisait remarquer alors un illustre écrivain, en conseillant au roi de ne sortir « qu'accompagné d'une bonne escorte » (1) et de faire surveiller les plats de sa table.

Depuis cette époque, M. le Comte de Paris n'a rien dit, rien écrit qui puisse nous mettre sur la trace de ses dispositions et nous apprendre s'il a renié le testament de son père et déchiré sa lettre à M. Roger du Nord et à M. Elsingre. Nous savons cependant, (sans rendre le prince responsable de ces vilenies), que, dans certains salons notoirement orléanistes de Paris, on ne se gênait pas, récemment encore pour gémir sur la fâcheuse longévité de *M. de Trop*, et qu'un des aimables coryphées du parti disait tout haut « Je prie Dieu qu'il lui ouvre les yeux, ou qu'il les lui ferme. »

L'on objectera peut-être encore que la dernière étreinte dans laquelle le roi semble avoir accordé au descendant de Louis-Philippe un pardon suprême, indique aux royalistes la conduite qu'ils ont à tenir à l'égard de M. le Comte de Paris, les invite par un noble exemple, à oublier le passé. Nous répondrons que l'accueil fait par le roi mourant à M. le Comte de Paris est un acte de sublime charité, mais que cet acte n'impose nullement le prince à notre adhésion et à notre dévouement, surtout si nous avons des motifs de douter s'il accepte le programme royal et les doctrines de M. le Comte de Chambord (2).

Nous répondrons encore avec un royaliste éprouvé, M. Eugène de Thoury, directeur du *Courrier de la Nièvre* (Septembre 1883).

---

(1) M. Louis Veuillot.

(2) Les paroles que certains journaux ont prêtées au roi, en cette circonstance, doivent être tenues pour apocryphes, aucun témoin n'ayant assisté à l'entrevue.

« Je ne puis admettre que la mort du roi ait la vertu
de porter l'héritage royal dans une famille dont tous
les actes depuis 1789 ont été la négation du droit fondamental de la légitimité.

La visite faite en 1873, suivie de celle qui vient d'a-
voir lieu dernièrement, alors surtout que l'intervalle
qui les sépare n'a eu pour caractère marqué qu'une
froideur trop voisine de l'hostilité, n'est pas chose suffisamment réparatrice — à mon sens, la réparation
n'était possible que par la vertu expiatrice en quelque sorte du règne préalable de Monseigneur le
Comte de Chambord.

Il ne me reste plus qu'à pleurer Celui qui par la
majesté de son nom et l'élévation de son caractère
pouvait seul régénérer la France. »

On dit que le jour des funérailles du Roi, à Goritz,
le général de Charette, s'adressant à ses zouaves, prononça ces mots :

« Lorsque le chef de la branche d'Orléans entra
pour prier et pleurer au pied du lit funèbre..... J'ai vu
se dresser devant moi le spectre du passé : 93 !... l'é-
chafaud !... 1830 ! Alors j'ai jeté les yeux sur mon Roi ;
j'ai vu sur sa poitrine la place où avait reposé la tête
du prince qui entrait et je me suis dit : Quand mon Roi
a oublié, je n'ai pas le droit de me souvenir »

Cette scène est grande, sans doute ; ces paroles sont
belles ; mais si le roi devait pardonner, si Charette
pouvait oublier ; sur ce cercueil et devant le spectre
menaçant du passé, la France qui veut sauver son avenir, a le devoir de se souvenir et le droit de ne pas se
donner sans conditions. Remarquons, en terminant,
que ces démonstrations de douleur auxquelles M. le
Comte de Paris s'est livré à Frohsdorf ont été de bien
courte durée, car, si nous en croyons le *Clairon* du
20 septembre, moins d'un mois après la mort du roi,

M. le Comte et Madame la Comtesse de Paris, se permettaient le plaisir de la chasse, aux environs de la ville d'Eu, en nombreuse et joyeuse compagnie. Etrange manière de pleurer *inter pocula* le chef de sa maison !

Les autres princes ont suivi cet exemple. Les réceptions et les chasses de Chantilly n'ont pas été interrompues. Le *Figaro* du 10 octobre raconte avec complaisance les exploits de l'équipage de M. le duc d'Aumale et du vautrait de M. le prince de Joinville. Il est de tradition d'ailleurs dans la famille d'Orléans de ne pas porter le deuil des princes de la branche de Bourbon.

CHAPITRE II.

L'Incident de Goritz

Ce que l'on a appelé l'*incident de Goritz*, incident à la suite duquel les princes d'Orléans ont refusé d'assister aux funérailles, jette un jour nouveau sur la situation dynastique de M. le Comte de Paris. Le refus persistant opposé par Madame la Comtesse de Chambord à la prétention que M. le Comte de Paris manifestait de prendre le pas sur les Princes de la maison d'Anjou, refus qui n'a été maintenu que parce que telle était la volonté formellement exprimée par le roi défunt, était suffisamment motivé par les raisons exposées dans les deux documents que nous citons (1) :

---

(1) Tous les historiens de sainte-Jeanne-de-Chantal citent comme *un acte héroïque* de sa part, le trait suivant.

Madame de Chazelles, sa parente, femme de ce baron de Chazelles qui avait tué à la chasse, par accident, M. de Chantal, demanda, en hésitant, à la sainte veuve de tenir son enfant sur les fonds baptismaux. La noble femme y consentit et « tint fidèlement *son héroïque promesse* ». V. La vie de sainte Chantal, par Daurignac, 1858.

N'était-ce pas exiger de la reine un acte plus qu'héroïque, que

Le premier document est une lettre adressée au *Ralliement* de Montauban, par M. J. du Bourg, l'un des secrétaires de M. le Comte de Chambord :

Toulouse, 10 septembre.

Monsieur le Rédacteur en chef,

Je viens de lire le numéro du *Ralliement*, du 8 septembre. Il revient, dans son premier article, sur un fait qui a donné lieu à des appréciations contre lesquelles je crois devoir mettre en garde les amis communs.

Lorsque, écrasés par une douleur profonde, nous accompagnions les restes de notre auguste et bien-aimé roi jusqu'au caveau de Castagnavizza, nous avons entendu avec peine et avec étonnement certains murmures sur le règlement des obsèques.

Ces murmures se sont transformés en violentes récriminations et même parfois en odieux outrages, en se reproduisant et se commentant dans certaines feuilles publiques. La constatation de dispositions ainsi manifestées suffirait à elle seule à expliquer et à justifier complètement la décision prise par Madame la Comtesse de Chambord. Nous étions en effet à Goritz uniquement pour rendre les derniers honneurs à Monseigneur. Essayer d'entourer son cercueil avec une

de la contraindre à faire présider les obsèques royales par le descendant du meurtrier de Louis XVI, de l'usurpateur de 1830, de celui qui s'était appliqué à faire le malheur de son époux, *volontairement, et point par accident?* Ce courage sublime, la Reine l'eût eu peut-être, si la volonté de Mgr le Comte de Chambord ne s'y fut opposée.

pensée différente était inadmissible. Les ordres donnés
par Madame la Comtesse de Chambord ont empêché
que cette triste cérémonie ne perdit le caractère qu'elle
devait garder. Du reste, *ces ordres étaient confor-
mes à la volonté exprimée par Monseigneur lui-
même.* »

Le second est la communication suivante adressée
au *Courrier de la Vienne* par M. le Comte de Maumigny. Nous la donnons *in-extenso*, pour l'édification
des libéraux et des parlementaires.

Monsieur le Directeur

Permettez-moi d'exprimer dans le *Courrier* ma res-
pectueuse admiration pour le sens vraiment royal de
Madame la Comtesse de Chambord.

En laissant aux funérailles un caractère privé, Madame remplissait ses devoirs envers le roi qui, sur la
terre d'exil, ne voulait être que le Comte de Chambord
en attendant *la parole de la France et l'heure de
Dieu.*

Elle les remplissait envers la France, seule interprète de la loi salique quand elle est obscurcie. Ce
droit national, appliqué sous Philippe V, sous Philippe VI, sous François 1er, reconnu par Louis XV dans
l'édit de 1717 qui révoque le testament de Louis XIV,
a été confirmé en 89, après trois jours de discussion
sur la question des renonciations, question réservée
dans la Constitution de 1791.

La décision de Madame sauvegardait les intérêts des
deux branches de la Maison de Bourbon.

En prenant leur rang de famille, les princes de la

branche aînée n'acquéraient aucun droit dynastique et M. le Comte de Paris n'en sacrifiait aucun. Du reste, rien ne l'empêchait d'en faire la réserve expresse.

En se présentant officiellement comme le chef de la Maison de France, M. le Comte de Paris ne posait qu'implicitement la question dynastique. M. le duc de la Rochefoucault et ses adhérents l'ont immédiatement tranchée en sa faveur, au nom du principe de la légitimité.

Madame la Comtesse de Chambord ne pouvait s'associer à cette manifestation sans violer notre droit national, sans associer tacitement à cette violation le Roi, dont on l'aurait supposée l'organe, et cela sans aucun intérêt pour M. le Comte de Paris, puisque la volonté du roi ne peut ni augmenter ni diminuer les droits du successeur.

Le Comte de Paris devenait, sous ce titre et par la force des choses, le chef du parti monarchique, et préparait ainsi son avènement. En le proclamant roi prématurément on a préparé la division bien loin de l'écarter, et diminué son influence bien loin de l'augmenter.

L'accueil si paternel et si touchant fait au Comte de Paris sur le lit de mort prouve l'héroïque charité du fils de saint Louis, interdit aux légitimistes toute récrimination, mais ne confère aucun droit au Comte de Paris, qui doit le tenir non de la volonté du roi, mais de la loi nationale.

La monarchie française est une monarchie royale, nationale, traditionnelle, très chrétienne.

Monarchie royale, elle exclut le parlementarisme et proclame la souveraineté du roi.

Monarchie nationale, le prince y tient la couronne non de la volonté de ses pères, mais de Dieu, de la loi nationale et de la France.

Bien que formée du patrimoine et des héritages de nos rois, la France n'est pas leur patrimoine, car en montant sur le trône ils donnent tout à la couronne, ne se réservant que l'amour de la France comme prix de leurs bienfaits.

Monarchie très chrétienne, son chef est le défenseur né de l'Église et des faibles, de la justice et du droit. Ce n'est pas un dominateur sans autre règle que sa volonté propre, sans autre lumière que son opinion : c'est le lieutenant du Christ, comme l'attestent nos monnaies et le formulaire du sacre ; c'est le conservateur des lois fondamentales de la patrie et de tous les droits.

Être le roi très chrétien, voilà le caractère fondamental de la légitimité nationale depuis Clovis, et Henri IV a dû le reconnaître.

Le roi légitime doit, en outre, être français ;

Être de la race royale ;

Être l'aîné de la branche ainée.

Quand l'ordre régulier de la succession est obscurci, il faut attendre respectueusement le jugement de la France ; de la France monarchique et régulièrement constituée et non du suffrage d'une foule souveraine. La France juge alors, non d'après l'opinion de la majorité, mais comme interprète de la loi salique.

Si un seul de ces principes incontestés est inappliqué, il n'y a plus qu'une quasi-légitimité qui a besoin d'être complétée par la Providence, le jugement de la France, le temps et l'hérédité.

Aucun prince de la Maison de Bourbon n'est donc actuellement complètement légitime. Sans doute M. le Comte de Paris serait incontestablement l'héritier du trône si la France était un royaume patrimonial, car la renonciation de Philippe V entraînerait celle de ses descendants. Mais, aux termes de notre droit national,

M. le Comte de Paris n'est qu'un prétendant, très appuyé à coup sûr, appuyé par tous ceux qui sont fatigués de la République et veulent à tout prix un roi; appuyé par son mérite personnel, par les services militaires de ses oncles et de son frère, par le patriotisme dont ils ont fait preuve en 1870; appuyé par le sang royal qui coule dans ses veines.

Mais il n'est pas l'aîné de la branche aînée, et rien n'annonce qu'il veuille restaurer la monarchie traditionnelle, la monarchie très chrétienne. Enfin, la France, régulièrement constituée, n'a pas encore rendu son arrêt.

Il peut être un roi nécessaire et devenir un roi légitime; mais le proclaner tel dès ce jour, c'est usurper les droits de la Providence, de la France et du temps.

Quant à la branche aînée, il est un droit qu'on ne peut lui ravir, celui d'être jugée non par l'opinion, mais par la France monarchique; jugement qui mettrait fin aux divisions des partis.

Minée depuis deux siècles, la monarchie traditionnelle vient de succomber avec son glorieux représentant.

Dans les lettres patentes de 1713, qui confirment la renonciation de Philippe V, Louis XIV nous dit:

« Nous sentons, comme roi et comme père, combien il eût été à désirer que la paix générale eût pu se conclure sans une renonciation qui fasse un si grand changement dans notre maison royale et dans l'ordre ancien de succéder à notre couronne. »

Point d'illusion.

Le Comte de Chambord emporte avec lui la royauté traditionnelle très chrétienne et son drapeau.

« Il a été pour moi, disait-il en 1873 aux Français, inséparable de la patrie absente. Il a flotté sur

mon berceau, je veux qu'il ombrage ma tombe. »
Ainsi a été fait.

Pour sauver la France il faut, comme aux temps
de Pépin et de Hugues Capet, que la légitimité sorte
du tombeau à la voix du Christ « qui aime les
Francs », qu'ils l'acclament et que le Vicaire de Jésus-
Christ la bénisse.

M. le comte de Paris veut-il rétablir la monarchie
très chrétienne et son symbole? C'est son secret.

Est-il appelé à la rétablir? C'est le secret de Dieu.

Honneur à Madame la Comtesse de Chambord qui
a su remplir ses devoirs envers le Roi, envers la
France dont il ne lui était pas permis de devancer la
décision, envers la maison de Bourbon, en laissant à
chaque branche le soin de défendre ses intérêts.

Comte DE MAUMIGNY.

Tel est aussi l'avis de M. du Verne, ancien président du Comité légitimiste de la Nièvre, avis motivé
comme il suit dans le *Journal de la Nièvre :*

« Lorsque l'on a entendu qualifier d'étrangère la
veuve de nos rois (1) et refuser à une femme le droit
de régler les funérailles de son mari sur la terre
de l'exil, je n'ai pas à m'étonner des critiques des
fondateurs anonymes du *Ralliement* envers mon hum-
ble personnalité, ni même de la censure de ma conduite faite publiquement dans ce journal par le jeune
comte de Damas.

(1) Lire, à l'appendice, la belle étude du prince de Valori sur
madame la Comtesse de Chambord. C'est une noble réponse à
ceux qui ont eu le triste courage de déverser d'indignes outrages
et d'odieuses calomnies sur l'auguste et sainte compagne de
notre Roi.

Je suis au-dessus de pareilles attaques; ma conscience me suffit pour m'assurer que je n'ai ni « jeté
les armes, ni fait défection »; mais puisque l'on me
conteste le droit de me retirer de toute action politique, je dois donner à mes amis l'explication de ma
conduite.

Être légitimiste n'est pas une affaire de sentiment :
c'est vouloir pour son pays le maintien du droit, de la
justice et de l'ordre. On ne proclame donc pas une
dynastie de son autorité privée. La France royaliste
se trouve à cette heure en présence d'une interruption
de son droit royal assez grave pour mériter réflexion.
J'attendrai donc que mon pays se prononce, et tant
qu'il n'aura pas résolu en toute liberté les questions
que seul il a droit de trancher, je ne m'associerai à
aucune manœuvre politique, les considérant toutes
comme criminelles et dangereuses; aussi plus que
jamais je redis les paroles du roi : « L'heure est à Dieu
et la parole est à la France. »

Le Veuillin, le 8 septembre 1883.

CH. DU VERNE.
Ancien président du comité légitimiste
du département de la Nièvre.

Il est très certain que beaucoup de zélés n'étaient
venus à Frohsdorf que pour organiser *un coup* en
faveur du Prince de leurs rêves. On voulait manifester quand même sur le cercueil du Roi et créer un
mouvement *spontané* en faveur de M. le Comte de
Paris. Telle est du moins l'impression qui ressort du
récit de bon nombre de pélerins de Frohsdorf et de
Goritz, et il faut n'accepter qu'avec une extrême défiance les correspondances intéressées de la plupart
des journaux.

Voici d'après le compte-rendu de témoins oculaires le triste spectacle que donnèrent alors les royalistes, courtisans du soleil levant :

« J'ai beaucoup souffert, dit M. le comte H. de Guerry, de voir nombre de nos amis se laisser entraîner par les raisonnements spécieux et les paroles mielleuses de certains *légitimistes* de fraîche date, surtout de *journalistes* désireux de crier vite : Le Roi est mort » pour mieux reprendre le vieux cri de : Vive le Roi! » qu'ils nous ont volé.

Ces hommes, — du *Figaro*, peut-être, — disaient sans rougir, qu'il ne fallait pas s'inscrire sur le registre de *Madame,* que ce serait approuver les ordres donnés par *elle,* qu'il fallait manifester contre les princes étrangers, ne pas les saluer, etc., comme si un Bourbon n'était pas Français d'abord.

Dire que le sang de saint Louis est étranger!

Vous pensez si je tiens à ne pas être pris pour une de leurs dupes.

Veuillez agréer à l'avance, monsieur, tous mes remerciements, et recevez mes félicitations pour la fermeté avec laquelle l'*Univers* a répondu à tous les aboyeurs en ces journées de deuil » (1).

M. Marchand, rédacteur en chef du *Journal de Paris*, écrit à son tour :

Après la mort de notre roi bien-aimé, ceux de nos amis politiques, avec lesquels j'eus l'honneur de causer de la situation, me disaient :

« Un devoir impérieux nous incombe : continuer l'œuvre de relèvement national commencée sous l'inspiration et la haute direction de Monsieur le Comte de

---

(1) Lettre à l'*Univers*. M. le marquis de Cussy de Juconville et M. de Badts de Cugnac ont aussi protesté avec indignation dans l'*Univers* contre les insultes dont la Reine et les princes de Bourbon ont été l'objet de la part de certains néo-royalistes.

Chambord; poursuivre la réalisation de son programme de *contre-révolution*.

Pour accomplir cette mission, il faut que le parti royaliste reste compact et indépendant.

Ne nous laissons ni entamer, ni diviser. Ce n'est pas nous qui appartenons à l'héritier du trône, c'est lui qui est à nous; attendons qu'il se donne, comme il le doit... tout entier.

« En retour de sa patriotique abnégation, nous lui apporterons un état-major aguerri et une vaillante armée, le concours d'un dévouement à toute épreuve, le prestige et la puissance qu'assurent aux souverains légitimes les libres immolations des volontés et des cœurs, les enthousiasmes des âmes.

On me disait aussi : « Nous sommes les gardiens de la tradition nationale, les défenseurs des prérogatives royales. A ce double titre, l'intérêt de la patrie et celui de l'héritier de la couronne nous interdisent toute abdication. Nous désarmés ou désagrégés, nous captifs volontaires ou inconscients, le Roi n'aurait plus le point d'appui solide du vieux royalisme pour étayer une politique d'avenir conforme aux besoins de la France, à la dignité du trône, à cette indépendance du pouvoir qui fait son autorité, sa grandeur et sa majesté. Proclamons le droit, mais restons étrangers aux influences des personnes et des partis. Il n'y a pas urgence, hélas! à nous inféoder, puisque le malheur des temps, les fautes et les faiblesses des hommes ont fait que le trône des Lys reste abattu et que nous avons à passer encore par de rudes épreuves avant de le relever. Quand le trône a *disparu*, il n'y a pas *vacance* du trône : c'est le vide, c'est le gouffre. Il importe, d'abord, de le combler en précipitant dans ses profondeurs la Révolution qui l'a creusé.

« Cette tâche d'écroulement et d'enfouissement nul

ne peut et ne doit s'y dévouer plus généreusement
que le Chef de la Maison de France.

« Qu'il s'y donne avec l'ardeur d'un pilote travail-
lant au sauvetage de son navire, d'un fils qui défend
l'honneur de sa mère ou la fortune de sa famille!
Tous, sans exception, nous la seconderons, jusqu'à
l'impossible, dans cette œuvre de salut, et quand sera
vaincue la Révolution, nous relèverons le trône des
Lys, et comme nos pères, sur le pavois, nous y por-
terons le Prince que le salut du pays aura sacré « père
de la patrie ».

Les sages ajoutaient : « Quoi que décide et fasse,
d'ailleurs, ultérieurement, le Prince, notre conscience
et notre patriotisme nous imposent, à nous, la lutte
incessante, hardie et implacable contre le régime qui
outrage notre foi, persécute nos prêtres, déshonore la
justice, déconsidère notre France, prodigue follement
le plus pur de son sang et précipite sa fortune dans
les voies du déficit et de la hideuse banqueroute.

« Pourrions-nous encore, poursuivre à ciel ouvert,
notre guerre à mort contre l'odieuse et funeste République si nous abdiquions, au nom des principes,
notre initiative et notre liberté d'action?

« Avec Henri V, chacun savait où il allait, puisqu'il
avait magnanimement refusé le trône pour ne pas être,
un seul instant, le roi de la Révolution. Avec l'héritier de ses droits, nous ne savons rien encore et,
peut-être, serons-nous longtemps dans cette ignorance. Ne nous livrons pas, attendons, en continuant la
lutte contre tout ce qui fait obstacle au règne de
Dieu et au règne du Roi de France!

« Nous ne voulons pas nous annihiler; nous ne pouvons pas nous laisser paralyser, parce qu'avant d'a-
voir le Roi, il nous faut notre foi, nos autels et notre
patrie. »

Voilà, sommairement, le langage avisé que tenaient les royalistes militants, réunis, groupés, dirigés et menés au devoir par notre bien-aimé roi. Telle était la ligne de conduite que se traçaient nos amis les plus autorisés par leur expérience politique par les services rendus, par la fermeté et la clairvoyance de leurs principes.

Puis, tout à coup arrive la sinistre nouvelle : Le Roi se meurt! le Roi est mort! Trois et quatre heures avant qu'elle fût officiellement confirmée, nous avons vu ce scandale que les organes les plus retentissants de la presse parisienne acclamaient partout un nouveau roi avant que fût refroidi le cadavre de celui que les prières et les larmes de la France disputaient encore à la mort.

Le Roi est mort, vive le Roi! Ce cri national qui ne retentissait, aux jours prospères de la vieille monarchie, qu'après les obsèques du souverain défunt, sous la voûte des caveaux de Saint-Denis, se fit entendre soudain d'un bout à l'autre de la France. Il semblait qu'on eût, à l'avance, organisé la conspiration de l'acclamation.

Le mouvement était donné. Ce fut, à partir de ce moment, une sorte de lutte à qui témoignerait le plus de zèle, d'empressement et d'esprit de prosélytisme.

De toutes parts surgirent, alors, des tenants fougueux du droit national et du principe monarchique. Ils venaient surtout des rangs de ceux qui, depuis dix ans, les avaient le plus obstinément tenus en échec. Ils n'appelaient pas les gens à venir à eux ; non! ils couraient de ci, de là, les appréhendant presque à la gorge, les sommant, au nom du patriotisme et de la conscience, de joindre leurs voix aux leurs, leurs acclamations à leurs acclamations. C'était le *compelle intrare* dans tout son épanouissement!

Malheur à ceux qui s'attardaient à pleurer le mort,
à ceux qui se demandaient où est le droit, à ceux qui
cherchaient dans les ténèbres de ce grand deuil les
inspirations du devoir! Malheur à ceux mêmes qui
osaient répondre : je vois un roi sur sa couche funèbre, je vois l'héritage, une couronne à conquérir, un
sceptre à relever, une mission providentielle à recueillir; je vois même un héritier, mais j'ignore si le *vif*
se laisse saisir par le *mort*. De grâce, laissez-moi
pleurer aujourd'hui; permettez que je voie l'héritier
affirmer ses droits et faire valoir ses revendications.
Demain, quand il aura levé son drapeau, poussé son
cri de guerre, celui du roi très chrétien, je ne serai
pas le dernier pour les périls et le combat!

A cela, les chevau-légers du nouveau parti répon-
daient par des insinuations perfides, des accusations,
des injures, des outrages et des menaces.

Tout ce débordement de colère ne m'a rien appris
et ne me fait rien oublier.

Je redis avec M. le comte Albert de Mun :

« Nous voulons pour notre pays un gouvernement
chrétien, respectueux des droits de l'Eglise, conformant à ses principes et à ses besoins les institutions
et les lois et lui rendant, avec la liberté qu'on lui a
ravie, la protection qui lui est dûe.

« Nous voulons un pouvoir fort, qui restitue à l'autorité
ses légitimes prérogatives, et qui fonde la vraie liberté
sur le respect de tous les droits individuels ou collectifs.

« Nous demandons une législation sociale donnant à
la famille les garanties de liberté et de stabilité dont
elle a besoin, apportant dans les conditions du travail
national les réformes nécessaires et assurant aux
maîtres et aux ouvriers, par une organisation basée
sur la paix et sur la justice, les satisfactions que ré-
clament leurs intérêts.

« Voilà notre programme d'hier; ce doit être celui
de demain; tout notre travail, tous nos efforts doivent
tendre à en préparer le triomphe. »

Dieu aidant, nous serons fidèles à ce programme si
chrétien et si français!

Parole d'honneur! j'applaudis plus que jamais à la
perspicacité que me montraient hier mes honorables
et chers amis.

Je ne saisis pas le moins du monde les motifs qui
ont pu modifier aujourd'hui leurs appréciations et leurs
résolutions.

Voilà pourquoi je reste fidèle, en ce qui me concerne, aux sentiments qu'ils m'ont exprimés et, jusqu'à plus ample informé, je m'en tiens à leur premier
plan de campagne.

Je suis sûr, d'ailleurs, qu'ils y reviendront, j'attendrai.

CHAPITRE III.

**Les droits de M. le Comte de Paris. — La loi salique.
Le traité d'Utrecht**

M. le comte de Maumigny, dans sa lettre que nous avons citée plus haut, ayant touché à la question des droits de M. le Comte de Paris à la couronne de France, nous jugeons nécessaire de dire ici quelques mots de la *Loi Salique* et de la dérogation apportée à cette loi par les renonciations d'Utrecht, puisque c'est sur ces bases que la famille d'Orléans veut établir ses prétentions. Un éminent écrivain, M. Coquille, dans une étude approfondie sur le « *Parti catholique*, pose cette question :

L'intérêt des catholiques est-il de se jeter dans les bras des princes d'Orléans? Un devoir de conscience ou de logique enchaîne-t-il les royalistes à leur fortune? Interrogeons la *Loi Salique*.

Il a souvent été question de la *Loi Salique* ; c'est d'elle surtout qu'il est permis de dire :

Beaucoup en ont parlé, mais peu l'ont bien connue.

Ce qu'il y a de certain d'abord, c'est qu'elle n'a jamais existé. Les textes qui la concernent et qui sont des rédactions diverses de coutumes franques disent tout le contraire de ce que nous entendons par la loi salique. Tous les textes sont en langue latine et portent que la « terre salique » se partage, à la mort du père, entre les enfants mâles. Les filles sont exclues, et il ne s'agit pas de la couronne. Les Mérovingiens et les Carlovingiens appliquaient à l'Etat les règles du droit privé et le divisaient entre les enfants mâles. Ni les uns ni les autres n'avaient la notion de l'ordre politique, de l'indivisibilité de l'Etat, de la perpétuité du pouvoir. Les légistes royaux adoptèrent la fiction de la loi salique pour rehausser le prestige de la royauté et reculer ses origines. Cette fiction reconnaît la grande loi sociale de l'unité et de la perpétuité ; elle substituait au régime des partages, des élections, sources d'anarchie, un pouvoir incontesté, désigné par la nature elle-même. Ainsi, elle soustrayait l'Etat aux brigues, aux compétitions, aux violences qui avaient jusque-là disputé le pouvoir suprême.

Ce qu'on appelle le *droit divin*, c'est tout simplement la naissance qui, en effet, est un don de Dieu ; mais ce droit n'est pas plus divin dans la naissance du fils d'un roi de France que de tout autre français. Seulement, il indique, au moment de la mort du roi, le successeur, l'héritier nécessaire, unique, incontestable, La volonté humaine est absolument écartée pour la désignation du successeur. Le roi ne peut disposer de la couronne par donation entre-vifs ou testamentaire ; l'abdication lui est interdite. Il est roi par sa naissance ; comment abdiquerait-il sa filiation ? S'il est infirme, prisonnier, incapable, indigne, il est pourvu au gouvernement par des mesures de prudence : c'est une crise momentanée, et l'expérience démontre qu'elle est infiniment moindre que la crise résultant d'un changement de dynastie. La loi salique n'a qu'un but, désigner le souverain. Elle bannit à jamais de la politique cette redoutable question : quel est le vrai roi? Le vrai roi n'est jamais douteux: le tableau généalogique à la main, tout le monde peut dire : voilà le roi!

Aucune circonstance ne saurait entraver cette désignation; autrement la loi s'évanouirait; elle ne comporte pas d'exception; elle périt dans l'exception. Celui qui est désigné sur le tableau des descendants mâles de l'auteur commun, vient par un droit propre auquel rien n'a pu porter atteinte; il ne tire pas son droit, son titre du dernier mourant, mais de la loi elle-même. Il est le titulaire d'une substitution sur laquelle son prédécesseur n'avait qu'un usufruit.

La couronne de France est une substitution qui se transmet de mâle en mâle, par ordre de primogéniture dans la ligne agnatique. Le roi n'en dispose pas : et à plus forte raison un autre n'en peut disposer. Tout pacte, toute convention contraire serait nul. Tous les descendants mâles sont assujettis par la naissance à la loi salique, et aucun d'eux n'a la faculté de renoncer à la succession, Non : en y renonçant, il dispose de la couronne, il intervertit l'ordre de transmission, il fait ce que le roi lui-même n'a pas le droit de faire. La renonciation à l'avance, comme l'abdication ou le testament, remet tout en question. La renonciation est-elle valable? Le renonçant a-t-il le droit de renoncer pour ses fils? Qui empêchera ces derniers de protester? Nous retombons dans les compétitions et dans l'anarchie, et nous ne savons plus quel est le véritable roi. Charles X, pour maintenir la couronne dans sa famille, abdiqua en faveur du duc de Bordeaux. Cette concession ne désarma pas l'émeute. Dans l'exil il rétracta son abdication, et c'est seulement à la mort du duc d'Angoulême, successeur légal de Charles X, que le duc de Bordeaux prit le titre de roi de France.

La loi salique ne suffit pas à tout et les rois ont essayé plus d'une fois d'y suppléer. Nous l'avons vu par l'exemple de Charles X. Louis XIV aussi espérait, par la légitimation des bâtards, continuer la lignée royale en prévision de l'anéantissement de sa race. Sa volonté fut invalidée au nom de la loi salique, le mariage légitime seul pouvant donner naissance aux agnats successibles. Quelques légistes ont émis l'idée qu'en cas de roi douteux ou d'extinction de la race royale, la nation devait élire un roi. Cette doctrine est étrangère à la loi salique et n'en découle d'aucune façon. Si la loi défaille, tout est possible ; nous sommes dans une crise sociale, le pouvoir appartient à qui le prend ; et nous doutons qu'un vote régulier puisse créer un pouvoir qui n'aurait pas déjà ses racines dans les faits et les événements. Une nation n'élit pas son gouvernement, et quand elle prétend l'élire, elle n'installe qu'un fantôme à la place de la réalité. En définitive, il n'y a que deux sortes de gouvernements : les gouvernements stables, doués d'un principe de perpétuité et de transmission intégrale, et les gouvernements instables, fondés sur le principe électif Dans ce sens, la loi salique est une loi naturelle ; elle se pose comme une nécessité sociale. En France, plus et mieux que partout ailleurs, elle s'est développée dans la famille royale.

Elle ne provient pas du droit romain, elle n'est pas un droit romain, elle n'est pas de l'invention des légistes, et aucun législateur ne se vante de l'avoir établie. C'est une coutume nationale qui répondait aux vœux, aux sentiments, aux intérêts sociaux. Loin d'être un fait d'exception, elle s'est développée comme les

autres faits sociaux de famille et de propriété. Quand
on répète l'ancienne formule : « Le Roi est mort,vive
le Roi ! » on croit souvent prononcer quelque chose
d'extraordinaire et de spécial à la maison de Bourbon.
Ces mots n'expriment que le droit commun de la
France, le droit coutumier primitivement en usage
dans toutes les familles du royaume. Partout on pouvait crier : Le père de famille est mort, vive le père
de famille ! Toutes les coutumes proclament le célèbre adage : « Le mort saisit le vif. » Le gouvernement
de la famille ne souffre pas de solution de continuité.
L'héritier, le successeur est là, désigné par la coutume. La famille est une substitution qui se transmet
intégralement. Elle échappe à la division, au morcelle-
ment. Dans le dixième siècle, la France est couverte
de communautés rurales, et toutes ces communautés
de familles tendent à la perpétuité. Depuis la chute de
l'empire romain, il n'y a plus ni lois ni législateurs, ni
même, à proprement parler, de gouvernement. C'est
alors que les populations jouissent de quelque sécurité, et que les intérêts se groupent et s'organisent.

Le christianisme avait remplacé l'empire romain, il
reprenait sur nouveaux frais l'ordre social. Fondé sur
une idée de développement et de perpétuité, il impri-
mait à toutes ses œuvres le caractère de la durée.
Ses ordres religieux offraient partout des modèles de
gouvernement stable. La paroisse, le diocèse sont des
institutions permanentes. Le mariage chrétien n'est
plus cette union païenne qui se dissolvait à volonté.
La famille chrétienne est une et perpétuelle. Comment
le sol qu'elle cultive et qui la nourrit ne participe-
rait-il pas à cette perpétuité ? Ne forme-t-il pas un
tout avec elle ? Rompre ce faisceau, diviser le bien de
famille, n'était-il pas l'opposé de ces sentiments de
paix et de concorde qu'inspire le christianisme ? Est-ce

que la prospérité des ordres religieux ne venait pas
de l'unité et de l'indivision? Que fallait-il pour trans-
former la famille rurale en une communauté perpétuelle? Bien peu de chose assurément : considérer
le bien de famille comme perpétuel, à l'exemple des
biens religieux. Que fallait-il encore? Trouver la loi
de succession. Était-elle difficile à trouver? La nature
s'y prêtait sans doute ; ces communautés de familles
ont vécu, constituées par la coutume. La perpétuité
du gouvernement de famille, l'indivision de la propriété éloignent d'elles l'hypothèque, la liquidation,
les procès, la ruine.

Le fief, aussi bien que les communautés rurales,
nous donne l'idée de l'indivision et de la perpétuité.
C'est à cette forme qu'aspirent tous les intérêts sociaux : n'oublions pas non plus les corporations d'arts
et de métiers. Avec Hugues Capet, la famille royale
se rangea au droit commun, elle considéra la couronne comme un fief, un tout indivisible. Plus tard, les
légistes, qui combattaient les institutions de famille
chez les cultivateurs et chez les seigneurs, au nom du
droit romain, firent exception en faveur de la famille
royale, dont ils voulaient étendre le pouvoir. Ils retin-
rent pour elle cette loi de succession qui assurait son
avenir et la sécurité sociale. Plus heureux les rois
s'ils eussent travaillé à maintenir les coutumes dans
toutes les classes de la population !

Avec la loi salique, point de discussion ni d'équivoque. L'instant de la mort du dernier roi se confond
avec le premier moment du règne nouveau. Le mort
saisit le vif. Cette loi d'harmonie lie les générations
les unes aux autres ; elle fait de la perpétuité avec des
êtres transitoires, et avec des « vivants et mourants »,
comme disent les anciennes coutumes, un être social
qui ne meurt pas. Ce régime ne s'est pas appliqué

dans toute sa pureté. Il se heurtait aux passions des hommes. Il a occupé une grande place dans notre histoire. L'étude du droit coutumier nous permet d'en saisir les éléments et d'en reconstituer l'ensemble. La Révolution française a été le triomphe absolu du droit romain et du césarisme. Grâce à la loi salique, l'institution royale a gardé son prestige. Ce prestige était dû à la coutume. Cette longue prescription qui la sanctionnait, n'était-elle pas affaiblie ? Nous sentons aujourd'hui que nos droits et nos intérêts flottent en l'air, au souffle de tous les vents. Nous cherchons un point d'appui ; la loi de succession, de perpétuité, d'hérédité nous manque, nous l'avons répudiée. A aucune époque il n'a été plus nécessaire de rendre un peu de stabilité au droit de famille et de propriété. Que de gens en sont convaincus sans oser le dire ! Si la loi salique n'est plus qu'un souvenir, c'est le souvenir d'une institution qui, pendant des siècles, a constitué toute la société française. Et, après tout, elle demeure comme loi naturelle, et principe nécessaire d'ordre pour toutes les sociétés grandes ou petites, pour la masse des intérêts qui ont besoin de se consolider et de durer.

Il n'est pas difficile de constater une contradiction dans le raisonnement des orléanistes qui invoquent la loi salique. D'un côté, ils ont reconnu à l'unanimité que le Comte de Chambord ne pouvait modifier l'ordre de succession et qu'il n'avait le droit ni de faire une adoption ni de désigner un successeur. Rien de plus exact ; mais ils ne paraissent pas avoir saisi toute la portée de cette affirmation, car ils attribuaient une telle importance à la réconciliation des deux familles, qu'ils en faisaient découler un droit nouveau pour les princes d'Orléans. L'union des princes avec le Comte de Chambord était de nulle valeur sur le terrain des principes, puisqu'elle ne devait pas changer l'ordre de la transmission de la couronne. Enfin, ils se sont rattachés à la renonciation de Philippe V. Comment ne se sont-ils pas aperçus que Louis XIV, ni le Comte de Chambord, n'ayant eu le droit de modifier la loi de succession, ce droit n'a pu être reconnu au duc d'Anjou, petit-fils de Louis XIV ? Cette renonciation est un acte de prudence ou de nécessité qui vaut l'abdication de Charles X en 1830. Si le duc d'Anjou a pu déranger l'ordre de succession à la couronne, cet ordre n'est donc pas invariable, et le Roi, qui a autant d'autorité que le premier venu, aura bien le droit, lui aussi, de le changer.

Du principe que le roi ne saurait changer l'ordre de la succession, on tire cette conséquence qu'il ne peut abdiquer. Ne voyez-vous pas que si le roi abdique, la succession s'embrouille, et que les compétitions surgissent ? L'abdication est-elle volontaire ? Ne sera-t-elle pas rétractée ? Que de germes de guerres civiles ! Dans le cas où le roi est incapable, la loi salique ne laisse que le remède de la régence. Une régence est un mal moindre qu'un changement dans l'ordre de succession. La couronne de France n'est pas une propriété particulière ; c'est un fief qui se transmet intégralement en vertu de la loi primitive des fiefs. Le titulaire désigné d'avance par la substitution n'a qu'un droit d'usufruit. Ce n'est pas lui qui transmet la couronne. C'est la loi elle-même ; le successeur ne doit, à ce titre, rien à son prédécesseur, il a pris ce que la loi lui attribuait et n'attribuait qu'à lui seul. Le duc d'Anjou a renoncé pour ses descendants, mais aucun de ses descendants ne devait tenir de lui la couronne, et il disposait ainsi d'un bien qui ne lui appartenait pas. Pourquoi les orléanistes trouvent-ils que le Comte de Chambord n'a pu modifier la loi de succession

en excluant les princes d'Orléans, et attribuent-ils au
duc d'Anjou le droit d'exclure ses propres descendants ?

Le Comte de Chambord a été le dernier représentant de la loi salique. Né sur le trône et reconnu par
toute l'Europe, il gardait en lui le droit de succession.
Que serait-il arrivé si les évènements l'avaient replacé
sur le trône? On peut aisément supposer que les
princes d'Orléans, aidant à son rétablissement par de
grands sacrifices, auraient comblé la distance qui les
séparaît du trône. La volonté du roi, l'opinion publique les auraient appelés. Ils ne seraient pas venus au
nom de la loi salique, mais de circonstances heureuses.
Il est à remarquer, du reste, que les princes d'Orléans
n'ont jamais pratiqué l'unité de famille et de patrimoine qui est l'essence de la loi salique. Avant 1830
comme après, ils ont vécu en familles distinctes ;
et aujourd'hui le Comte de Paris n'exerce aucune autorité sur ses oncles ou ses frères, qui sont maîtres
chez eux et ne dépendent pas de lui. Ils professent
entre eux et appliquent les lois du code civil : aussi
ont-ils toujours voulu vivre en France sous la loi commune et se poser en simples citoyens.

Qu'ils subissent donc aujourd'hui, sans se plaindre,
les conséquences de leur attitude. »

Venons-en maintenant à la question des renonciations d'Utrecht :

« Nous ne pensons pas, dit M. de Lansade (*Univers*
du 20 septembre), que le droit (de M. le Comte de
Paris) réside où on le place, ou du moins qu'il y ait
son plus solide appui : nous voulons dire la renonciation à la couronne de France, faite par Philippe V à la
paix d'Utrecht. A suivre l'opinion commune, ce serait le
meilleur titre de la Maison d'Orléans. Est-il indiscutable? N'y a-t-il pas quelques difficultés? Et d'abord, le

royaume de France est-il dans le commerce, soit privé, soit public, qu'il puisse devenir l'objet de traités sur la succession, de stipulations, de renonciations valables? A supposer même qu'il en fût ainsi, un prince a-t-il le pouvoir d'engager ses descendants en cette matière, d'abdiquer pour soi-même et pour toute sa postérité ? Nous ne le pensons pas. Si les règles du droit civil ne sont pas toujours applicables au droit public, c'est par exception qu'elles y sont inapplicables. Eh bien, n'est-ce pas une règle élémentaire que toute convention sur une succession non encore ouverte, que toute acceptation et toute renonciation faite ou stipulée à l'avance est radicalement nulle ? Et n'est-ce pas le cas de la renonciation du petit-fils de Louis XIV à ses droits éventuels sur la couronne de France, pour lui et pour ses descendants?

Sa renonciation, fût-elle valable, qui pourrait s'en prévaloir ? Ceux, sans doute, en faveur de qui elle fut faite. Sont-ce les princes d'Orléans ? Nous ne pensons pas que Louis XIV ait tenu à leur en faire la gracieuseté au détriment de sa postérité à lui. Serait-ce la nation française, contre la puissance de qui l'Europe exigea cette précaution? Quant aux puissances étrangères, nous doutons fort, à raison des événements survenus depuis, qu'elles attachent aujourd'hui la même importance à cette affaire. Il s'agissait pour elles, en 1713, d'empêcher la réunion sur une seule tête des royaumes de France et d'Espagne, avec la Belgique, les deux tiers de l'Italie, toute l'Amérique du Nord et celle du Sud, à l'exception du Brésil et de la moindre partie des Etats-Unis actuels, celle connue aujourd'hui sous le nom de Nouvelle-Angleterre ; sans parler d'autres colonies dans toutes les parties du monde. Cela est bien changé : que leur importe maintenant, que ce soit un Bourbon dépossédé d'Espagne

ou un d'Orléans qui ait droit au royaume de France,
tombé lui-même en république?

Qu'on pense de ces dernières considérations ce que
l'on voudra ; il existe un précédent, et c'est la Maison
d'Orléans qui le fournit. Lors des mariages espagnols
en 1846, personne en France, ni en Espagne, ni
ailleurs, ni dans la diplomatie, ni surtout dans la
famille de Louis-Philippe, ne s'avisa que les enfants
qu'aurait de son mariage le duc de Montpensier dussent
être exclus du trône d'Espagne, comme les Bourbons
d'Espagne et d'Italie, la branche aînée maintenant, le
sont du trône de France. Pourtant il y avait les mêmes
raisons, et situations identiques, à ne regarder que les
conventions de la paix d'Utrecht. Le duc d'Orléans
avait fait, pour l'Espagne, une renonciation semblable
à celle du petit-fils de Louis XIV pour la France, tant
pour lui que pour ses descendants. On dira que les
enfants du duc de Montpensier viendraient à un autre
titre, celui de leur mère : ils n'en sont pas moins les
descendants du duc d'Orléans de 1713. Au regard des
puissances, ils sont dans le même cas pour l'Espagne
que les Bourbons d'Espagne pour la France. »

Lorsque Louis XIV accepta pour le duc d'Anjou la
couronne d'Espagne, il lui conserva, par lettres-
patentes solennelles données au mois de décembre
1700, son rang entre le duc de Bourgogne et le duc de
Berry, lui maintenant, d'une manière irrévocable, ses
droits au trône de France (1). Saint Simon fait remarquer que ces lettres-patentes étaient exactement
semblables à celles que Henri III, en 1573, et le
Prince de Conti, en 1697, avaient emportées en Polo-
gne, quand ils y furent nommés rois. Mais bientôt, les
revers les plus désastreux s'abattent sur Louis XIV,

_____

(1) *L'Europe et les Bourbons sous Louis XIV*, par Marius Topin. p. 18

ses armées sont détruites, une coalition formidable
s'élève contre lui. D'autre part, la réunion possible
sous le même sceptre des deux monarchies française
et espagnole apparaît comme un danger imminent aux
yeux de l'Europe. Le grand Dauphin, le duc de Bourgogne son fils, et le duc de Bretagne, l'aîné des fils
de celui-ci, étaient morts coup sur coup et Philippe V,
roi d'Espagne, n'était plus séparé maintenant de
la couronne de France que par un faible enfant, âgé
de deux ans, et gravement atteint lui-même du mal
mystérieux et rapide qui venait de ravager la demeure
royale. L'Europe s'émeut. La confusion des deux couronnes lui apparaît comme une menace d'une gravité
extrême. Bolingbrok, ministre d'Angleterre, écrit à
ce sujet, le 23 mars 1712, au marquis de Torcy :
« La reine me commande de vous faire savoir que cet
article est d'une si grande conséquence tant pour elle
que pour le reste de l'Europe, tant pour le siècle présent que pour la postérité, qu'elle ne consentira
jamais à continuer les négociations (1) à moins qu'on
ne trouve un expédient sérieux et solide. »

Le 2 avril, les ministres étrangers déclarent qu'ils
ont ordre de tout rompre si Louis XIV rejette la
demande qui lui est faite de détruire, par une renonciation imposée à Philippe V, tout lien de successibilité entre les deux branches espagnole et française de
la Maison de Bourbon.

La juste fierté du grand roi se révolte devant cet
ultimatum et le Cabinet de Versailles reçoit l'ordre
d'y répondre en ces termes :

« La renonciation demandée serait nulle et invalide
suivant les lois du royaume selon lesquelles le prince

---

(1) Les plénipotentiaires français et étrangers étaient alors
réunis à Utrecht pour négocier la paix.

qui est le plus proche de la couronne en est héritier de
toute nécessité. C'est un héritage qu'il ne reçoit ni du
roi son prédécesseur, ni du peuple, mais en vertu de
la loi, de sorte que, lorsqu'un roi vient à mourir,
l'autre lui succède immédiatement sans demander le
consentement de personne ; il succède non comme
héritier, mais comme le maître du royaume dont la
Seigneurie lui appartient non par choix, mais seulement par le droit de la naissance ; il n'est obligé de
sa couronne ni à la volonté de son prédécesseur,
ni à aucun édit, ni à aucun décret, ni à la libé-
ralité de qui que ce soit, il ne l'est qu'à la loi. Cette
loi est estimée l'ouvrage de Celui qui a établi les
monarchies, et on tient en France qu'il n'y a que Dieu
qui puisse l'abolir, par conséquent qu'il n'y a aucune
renonciation qui puisse la détruire. Si le roi d'Espagne
renonçait à son droit pour l'amour de la paix et pour
obéir au roi son grand'père, ce serait se tromper
et bâtir sur le sable, que de recevoir une telle renonciation comme un expédient suffisant pour prévenir le
mal qu'on se proposait d'éviter. » Telle est l'invariable
loi de l'hérédité monarchique qui révèle le vice radical d'une clause imposée par la politique et qui frappe
par avance de nullité la renonciation de Philippe V.
Néanmoins, Bolingbrok et les coalisés insistent,
pressent, menacent et Louis XIV est forcé de céder
enfin à la contrainte.

Le gouvernement anglais exige en outre que le duc
d'Orléans renonce pour lui et ses descendants aux
droits qu'il possédait sur la couronne d'Espagne. « La
séparation entre les deux couronnes devenait ainsi
plus définitive, un contrat synallagmatique étant préférable à un contrat unilatéral et possédant une plus
grande validité (1) ».

1) Marius Topin. Loc. cit. n. 341.

: Les renonciations datées de juillet et novembre 1712 furent insérées dans l'article 7 du traité d'Utrecht ; à côté de l'article qui stipule le démantèlement de Dunkerque.

Pour donner à ces renonciations une autorité plus grande, Bolingbrok avait proposé « de les faire ratifier d'une manière solennelle par les Etats Généraux de France. » Mais Louis XIV s'y refusa et l'Angleterre ne crut pas devoir insister.

Voilà comment, grâce aux malheurs de la France, les renonciations furent arrachées aux Bourbons. Il est nécessaire de remarquer que, dans l'opinion des contemporains eux-mêmes, ces actes étaient considérés comme nuls ou, du moins, comme n'ayant qu'un seul but : empêcher la réunion des deux couronnes. Ils étaient réputés caducs et non-avenus dès que l'éventualité de cette réunion viendrait à disparaître. Le duc de Saint-Simon, qui avait été mêlé très-activement aux négociations de cette affaire, avouait que ces renonciations étaient « *une faible ressource*, après ce qui s'était passé pour les renonciations du mariage de Louis XIII (1) ».

Plus loin, il ajoutait : « On a dit sur cette matière tout ce dont à peu près elle se trouve susceptible. Ce serait donc répéter inutilement que vouloir représenter de nouveau ce que peuvent être des renonciations à la couronne de France d'un prince et d'une branche aînée en faveur de ses cadets ; contre l'ordre constant et jamais interrompu depuis Hugues Capet, sans que la France l'accepte par une loi nouvelle dérogeant à celle de tous les siècles, et par une loi revêtue des formes et de la liberté qui puissent lui acquérir la

---

(1) Saint-Simon. Mémoires. T. VI., pp. 319 et 388. Edition Hachette 1872.

force et la solidité nécessaire à un acte si important ;
et la renonciation à leur droit à la couronne d'Espagne
uniquement fondée sur celle au droit à la France
et sur l'accession plus prochaine par le retranchement
de toute une branche en faveur de deux princes et de
la leur, et des autres des princes du sang après,
suivant leur aînesse, qui, soumis au roi le plus absolu
et le plus jaloux de l'être qui ait jamais régné, grand-
père de l'un, oncle et beau-père de l'autre, grand'père
encore d'une autre façon des deux princes du sang,
sont priés d'assister avec les pairs à la lecture et
à l'enregistrement de ces actes, sans qu'avec leur
lecture on ait auparavant exposé, moins encore traité
la matière, ni après, que personne ait été interpellé
d'opiner, ni que, si on l'avait été, personne eût osé
dire un seul mot que de simple approbation. C'est
néanmoins tout ce qui fut fait (1) ».

Voltaire a dit : « Il n'y a point encore de loi reconnue qui oblige les descendants à se priver du droit de
régner auquel auraient renoncé leurs pères (2) ».

Duclos écrit à son tour : « On est généralement
persuadé en France que si la famille royale, la branche
directe, venait à s'éteindre, l'aîné de la branche espagnole passerait sur le trône de France, au préjudice
de tous les princes du sang qui ne seraient pas sortis
de Louis XIV, Louis XV, etc. »

Enfin, on trouve dans les « œuvres de Louis XIV
une protestation du prince de Condé établissant que
« rien que ce soit ne peut primer les droits de la maison d'Anjou appelée à succéder aux enfants de Louis
Dauphin et du duc de Bourgogne son fils. » La question
des renonciations fut plus tard agitée devant l'Assemblée nationale de 1789, dans la discussion du projet de

(11) St-Simon. Mémoires. T. VI., pp. 319 et 388. Ed. Hach. 1872.
(2) Siècle de Louis XIV. T. I., p. 420.

constitution. Les débats furent très animés et durèrent trois jours. Dans la séance du 15 septembre, M. le duc de Mortemart dit : « La clause de la renonciation de la maison d'Espagne à la couronne de France n'existe pas dans le traité d'Utrecht, mais seulement celle-ci, que les deux couronnes ne pourront être réunies sur la même tête. » (1).

Le duc de Châtelet demande 1° « si Philippe V a pu renoncer à la constitution fondée sur la loi salique : 2° si Philippe V a pu priver la nation des droits qu'elle avait sur lui et ses descendants ? » (2).

Mirabeau constate « une renonciation du même genre faite par la maison d'Orléans à la succession d'Espagne » (3).

Bref, l'exclusion de la maison d'Anjou ne fut pas prononcée, comme les orléanistes de l'assemblée le demandaient, et la constitution de 1791, délibérée en 1789, contient une réserve formelle à cet égard. Il fut dit au chapitre II, section I *De la Royauté et du Roi*, art. I « *Rien n'est préjugé sur l'effet des renonciations dans la race actuelle régnante.* »

L'assemblée affirma fortement ainsi sa volonté de ne pas trancher cette grave question. Ecoutons ce qu'en dit M. Thiers dans son histoire de la Révolution:

« La maison d'Orléans se trouvait en concurrence avec la maison d'Espagne, dans le cas d'extinction de la branche régnante... La question de la régence se présentait. En cas de minorité, la régence appartenait au plus proche parent: c'était ou la reine, ou le duc d'Orléans, ou la famille d'Espagne.

Mirabeau propose de ne donner la régence qu'à un homme né en France. Des murmures s'élèvent ; la

(1) Voir le *Journal officiel* de 1789, page 236.
(2-3) Voir *l'Officiel* de 1789, page 236 et 239.

discussion recommence avec une violence extraordinaire. » En vain Mirabeau insiste. « Enfin, après une
discussion de deux jours, on déclara de nouveau qu'il
n'y avait pas lieu de délibérer. » (1)

On voit que les Etats Généraux étaient plus prudents
et plus sages que certains royalistes de nos jours qui
tranchent la difficulté avec un sans-gêne imperturbable.

Ainsi, l'unique fois que cette grave question sortit
depuis Louis XIV des régions vagues de la spéculation
pour être portée sur un terrain pratique et devant le
tribunal le plus compétent, pour ne pas dire le seul
compétent pour en connaître, devant les Etats Généraux de la France, elle a été formellement réservée, et ces réserves subsistent dans toute leur force,
car elles n'ont pas été ultérieurement abrogées par les
seules lois applicables à la dynastie des Bourbons, la
charte de 1814 et celle de 1830.

Louis Philippe reportait sur cette question toute sa
sollicitude. Le prince de Polignac a publié dans ses
Etudes morales, politiques et religieuses une note à
cet égard, note dont personne ne méconnaîtra l'importance historique et politique. « A l'époque, dit le
prince, à laquelle se traitait la question relative à
l'ordre de succession au trône d'Espagne, M. le duc
d'Orléans me rendait de fréquentes visites, le matin, au
ministère des affaires étrangères. Il me remettait
diverses notes tendant à prouver que Ferdinand VII
n'avait pas le droit d'abolir par un simple décret un
ordre de succession reconnu par l'Europe, et garanti
par des traités. Il me pressait vivement d'engager le roi
à prendre quelques mesures propres à rétablir les cho-

_____

(1) Thiers, *Histoire de la Révolution*, pages 156-157. T. I. Edition
Lecointe 1828.

ses en Espagne dans leur ancien état. S. A. R. prêchait
un converti, mais je devais encore garder le silence sur
les projets que méditait le roi.

Le duc d'Orléans crut sans doute que je ne partageais
pas entièrement ses opinions sur ce point, car il me
dit un jour : Ce n'est pas seulement comme français
que je prends un vif intérêt à cette question, c'est
comme père : dans le cas en effet (ce qui n'arrivera
jamais de mon temps) où nous aurions le malheur de
perdre M. le duc de Bordeaux sans qu'il laissât d'enfants, la couronne reviendrait à mon fils aîné, pourvu
que la loi salique fut maintenue en Espagne, car si elle
ne l'était pas, la renonciation faite par Philippe V au
trône de France en son nom et au nom de ses descendants mâles, serait frappée de nullité, puisque ce n'est
qu'en vertu de cette renonciation que les descendants
mâles de ce prince ont acquis un droit incontestable à
la couronne d'Espagne ; mais, si ce droit leur est
enlevé, il peuvent réclamer celui que leur donne la loi
salique française à l'héritage de Louis XIV. Or, comme
petits-fils de ce monarque, ils passent avant mes enfants. »

Tels furent les propres mots que me dit alors M. le
duc d'Orléans. Son raisonnement était juste ; aussi
n'ai-je pu comprendre le motif qui, depuis la révolu-
lution de Juillet, l'a poussé à méconnaître les droits
de Charles V à la couronne d'Espagne, attendu que,
dans sa propre opinion, il ne pouvait se dissimuler
que, conformément à la loi salique, en vigueur chez
nous depuis neuf siècles, au lieu d'un prétendant à la
couronne qu'il porte aujourd'hui, il s'en est créé *dix*
de plus » (1).

La remarque de M. de Polignac mérite qu'on s'y

(1) Note IX, page 425.

arrête. En effet, en supposant la validité originelle des renonciations d'Utrech, en admettant que ces renonciations ne soient pas devenues caduques par le fait de l'indifférence de l'Europe gardienne du traité; il est certain qu'elles sont aujourd'hui formellement annulées par l'intervention directe des princes d'Orléans venant rompre eux-mêmes le contrat synallagmatique qui les liait aussi bien que la branche d'Anjou. L'intervention de Louis-Philippe en Espagne, en 1846 et la situation dynastique de M. le duc de Montpensier dans ce pays, où il a rang d'Infant, avec droit de succession au trône, ont tranché la question. M. le Comte de Paris ne peut aujourd'hui sans une singulière inconséquence et sans une criante injustice invoquer en sa faveur contre les princes de la maison d'Anjou, les bénéfices des renonciations d'Utrecht. Les légitimistes logiques l'ont toujours compris ainsi. Quoi qu'il en soit, après l'assasssinat de M. le duc de Berry, en 1820, on tourna les regards vers les Bourbons d'Espagne et l'on s'en occupait sérieusement dans la salle des conférences de la Chambre des Députés, lorsque la déclaration de la grossesse de la duchesse de Berry fit ajourner toute délibération à ce sujet.

Plus tard, en 1835, lorsque la nouvelle, heureusement démentie de la mort de Mgr le duc de Bordeaux, se répandit, bon nombre de journaux prirent en main la défense des droits de la maison d'Anjou.

Voilà pourquoi, nous croyons opportun de rappeler en ce moment, que les droits de cette illustre branche de la maison de Bourbon subsistent dans toute leur intégrité. On nous répondra que l'article de M. le comte de Maumigny cité plus haut, exclut les princes de cette maison, en laissant entendre qu'ils ne sont plus français. Nous ne pouvons discuter ici cette opinion contestable ; nous nous contenterons de renvoyer nos contradicteurs au travail de M. du Bourg, et de citer, sur ce sujet, une opinion compétente, digne de sérieuse considération. M. A. Boudin, dans son *Histoire de Louis-Philippe I, roi des Français,* écrit : « Discutant un jour avec le duc de la Châtre sur les droits qu'avaient à la succession du trône de France les branches d'Espagne et d'Orléans, Louis XVIII s'anima de manière à prouver qu'il n'était pas indifférent à la solution de la question. Selon le duc de la Châtre, la renonciation de Philippe V privait sa postérité d'un héritage abandonné solennellement. Il ajoutait que, d'ailleurs, la branche d'Espagne n'était plus française.

Le roi ne se rendit pas à l'argument et soutint que la descendance de Philippe V était française » (1). Pour compléter ce qui précède, nous reproduisons le document suivant, envoyé à l'*Univers* par M. le comte de Cibeins.

« La renonciation de Philippe V au trône de France oblige-t-elle ses descendants ? Il y a un précédent considérable : quand Charles II vit la branche de sa maison faillir dans ses mâles, il éprouva des scrupules devant les exigences de l'ambassadeur impérial, et demanda au Pape régnant si les renonciations des Infantes Anne et Marie-Thérèse, reines de France, excluaient leurs descendants. Ce Pape, on le sait, était en différend politique avec le roi très chrétien ; mais, gardien divin de la vérité et du droit, il répondit au roi d'Espagne que ses couronnes appartenaient après lui au dauphin, fils de Marie-Thérèse.

Ce fut l'origine du testament bien connu où Charles II, ménageant les droits du sang et ceux de

(1) T. I, p. 338.

l'Europe à un équilibre raisonnable, transmet au second fils du Dauphin tous ses royaumes, terres et seigneuries. Les princes issus de Philippe V n'ont pas cessé d'être Français; le duc d'Anjou, en allant régner hors de France, emporta des lettres patentes du roi son grand-père lui conservant pour lui et sa postérité la qualité de *régnicole*. Pour enlever à ces lettres leur effet, il faudrait prouver qu'elles ont été révoquées par les renonciations imposées à la France après une longue guerre suscitée par les puissances protestantes, donnant à leur jalousie le prétexte des droits de la maison d'Autriche.

Les Français qui ont appelé les princes de la maison d'Anjou des princes étrangers, l'ont fait par ignorance d'un point important de leur histoire : ces princes eux-mêmes ont si peu renoncé à la qualité de branche puînée de notre maison royale, qu'ils portent tous sur leur blason l'écu de France avec la brisure d'Anjou.

Ce ne sont donc pas eux, mais les Français qui mettent en avant des renonciations imposées à la patrie par l'Angleterre, la Hollande et l'empire coalisés, qui pourraient encourir cette épithète injuste d'étrangers qu'ils leur appliquent.

Il y a mille choses encore à dire là-dessus; mais il faudrait donner des dates, des textes. Ce travail incombe aux savants et excède les bornes d'une lettre (1).

Ajoutons, pour terminer, qu'aujourd'hui encore la cause douteuse de M. le Comte de Paris est loin de rallier l'unanimité des légitimistes; pour ne citer que des exemples importants, nous mentionnerons MM. de

---

(1) Voir, à l'appendice les savants travaux de MM. Coquille et S. Laurentie, sur le traité d'Utrech.

Saint-Victor, du Bourg et le comte Maurice d'Andigné, anciens secrétaires de M. le Comte de Chambord :

Le premier discute dans un travail lumineux sur le « droit monarchique en 1883 (1), » le traité d'Utrecht et se prononce pour les droits des descendants du duc d'Anjou.

Le comte d'Andigné, adresse au *Gaulois* la lettre suivante :

Paris, 24 octobre 1883.

Monsieur le directeur,

Rentré en France depuis très peu de jours, j'apprends que divers journaux ont prétendu que tout l'entourage de Monsieur le Comte de Chambord s'était rallié à Monsieur le Comte de Paris. On me communique même un numéro du *Gaulois*, daté du 8 septembre, lequel, sous la rubrique : *Derniers échos de Goritz*, affirme que j'ai fait parvenir à Monsieur le Comte de Paris « l'assurance de ma fidélité ».

Votre collaborateur, M. Mermeix a été induit en erreur, monsieur le directeur; je n'ai pas fait la démarche dont il parle. et d'ailleurs, comme légitimiste, je ne reconnais et je n'ai le droit de reconnaître à Monsieur le Comte de Paris que le titre de chef de la branche d'Orléans.

Le silence dans lequel je me renfermais depuis le douloureux événement du 24 août pouvant autoriser une fausse interprétation de mes actes et de mes véri-

(1) Paris. Oudin Frères, 51, rue Bonaparte.

tables sentiments, je vous prie de rendre publique cette rectification.

Veuillez agréer, monsieur le directeur, l'assurance de ma parfaite considération.

Comte MAURICE D'ANDIGNÉ.

M. de Saint-Victor parle dans les mêmes termes.

———✕———

CHAPITRE IV.

Attitude et devoirs des Catholiques à l'égard
de M. le Comte de Paris.
Coup d'œil sur la situation du parti royaliste.

En terminant cette digression déjà trop longue sur les renonciations d'Utrecht; il nous reste à examiner quelle doit être l'attitude et quels sont les devoirs des catholiques envers le prince qui s'offre à eux comme le successeur de M. le Comte de Chambord. Que faut-il penser de ceux qui, instruits des antécédents suspects de M. le Comte de Paris n'ont pas hésité à lui promettre, sans conditions, dévouement et fidélité, qui, sur le cercueil du roi, n'ont pas attendu un seul jour pour crier : Vive le Roi! Vive le Roi? Quel roi? Louis XX? Philippe VII ou Louis-Philippe II?.. Quel est son drapeau? Que veut-il, que sera-t-il? Ah! ce n'est pas ainsi que nos pères ont agi au xvi° siècle. En vain Henri III expirant désigna-t-il à ceux qui entouraient sa couche funèbre, Henri de Bourbon, roi de Navarre, comme son succcesseur. Celui-ci était huguenot et les catholiques, fidèles gardiens des traditions de la

monarchie chrétienne, lui refusèrent obéissance jusqu'à
ce qu'il eût abjuré l'hérésie. Aujourd'hui, nous nous
trouvons en présence d'un prétendant fortement
soupçonné d'hérésie ; (car la révolution est aussi une
sorte d'hérésie), il importe donc de prêter l'oreille
aux conseils que nous donne un écrivain autorisé (1).

« Une hérésie, plus subtile et par là plus dangereuse
que ne l'était le protestantisme, une hérésie qui mine
par sa base tout l'édifice social chrétien, empoisonne
le monde ; c'est elle, c'est le soi-disant libéralisme,
l'essence même de la Révolution, qui s'est posée entre
le trône et Henri V pour lui en interdire l'accès ; c'est
elle qu'il a combattue toute sa vie ; c'est contre elle
que s'élève son testament.

Aujourd'hui, comme au XVIᵉ siècle, c'est aux catholiques qu'il appartient de maintenir contre l'erreur les
principes proclamés dans les encycliques des Papes
et le *Syllabus*.

Pas plus que le prince qui vient de mourir, ils ne
doivent céder ni à la séduction des compromis, ni à
l'attrait des expédients, aussi précaires que faciles,
s'ils veulent que la France soit ramenée dans les voies
salutaires où le Comte de Chambord la voulait et où Dieu
l'appelle avec tant de miséricorde.

Que les catholiques se recueillent, qu'ils écoutent la
voix de ceux qui tant de fois leur ont dit de se tenir
au dessus des régions où s'agitent les intérêts purement humains ; qu'ils se souviennent des exemples que
leur ont laissés leurs ancêtres du XVIᵉ siècle qui
n'ont sauvé la tradition monarchique que parce qu'ils
n'ont point voulu sacrifier la tradition catholique » (2).

« Si, pour nous sauver, dit le même écrivain,
nous n'avons plus devant nous que ce que le Comte

(1) *Semaine Religieuse* de Cambrai, 1ᵉʳ septembre 1883.
(2) Ibid. 11 août 1883.

de Chambord n'avait jamais voulu être : un roi légitime
de la Révolution ; si nous ne devions sortir de l'abîme
où la République nous a précipités que pour revenir
à 1830..... O Dieu, préservez-nous d'un salut pareil,
qui nous enlèverait la dernière chance du salut véritable ! Plus que jamais, l'intérêt de la France exige que
la royauté de Jésus-Christ soit reconnue par ceux qui
seront appelés à la gouverner.

Les catholiques français ne sauraient donc mieux
montrer leur patriotisme qu'en déclarant hautement
qu'à leurs yeux la reconnaissance de cette royauté
divine est la plus essentielle de toutes les conditions
de légitimité.

Il ne peut y avoir pour eux de vrai roi de France
que celui qui se reconnaîtra roi par la grâce de Dieu. »

Malheureusement les amis du prince et les journaux qui passent pour être ses organes ne parlent pas
dans ce sens et disent qu'il leur faut un roi, non, par
la grâce de Dieu, mais par la volonté nationale et par
le sacre du suffrage universel ; que d'ailleurs M. le
Comte de Paris répond à l'idéal qu'ils ont conçu d'un
prince moderne et libéral. Ainsi le *Figaro* dit :

« Les royalistes qui pratiquaient et qui continuent,
par delà le tombeau, le culte *un peu idolâtrique* du
Comte de Chambord, *parlent tantôt des intrigues qui
l'ont empêché de régner en* 1873, tantôt des principes
dont il avait la garde, dont il ne voulait pas *laisser
compromettre le prestige, et dont l'application eût
fait le salut de la France*, tantôt de la « monarchie
chrétienne » qui s'incarnait en lui. Il n'y a pas à *dissimuler d'ailleurs que si, parmi ces royalistes, quelques uns paraissent un peu froids à l'égard de M. le
Comte de Paris, c'est que les idées de celui-ci passent
pour différer sur certains points de celles du prince
défunt.* »

La Liberté, du 13 septembre ajoute à propos de la disparition de l'*Union* :

« Ce n'était pas la restauration pure et simple de la royauté que poursuivait le journal l'*Union* et que préparaient les comités royalistes : c'était la restauration d'une certaine monarchie qui avait pour idéal l'ancien régime, avec ses principales institutions politiques et sociales, et qui se présentait surtout comme une adversaire résolue des principes de la Révolution de 89.

« Or, cette royauté de droit théocratique est évidemment descendue dans la tombe avec le prince en qui elle se personnifiait.

« La famille d'Orléans renoue, sans doute, par droit héréditaire, la chaîne de la monarchie traditionnelle, et le Comte de Paris, si jamais il est appelé à régner, sera bien le successeur légitime, non-seulement du Comte de Chambord, mais de Louis XIV et de Henri IV, et la descendance des Bourbons se perpétuera sur sa tête ; mais il est évident qu'il représentera par *sa naissance,* par *ses idées personnelles,* par *la tradition de son père et de son grand'père, autre chose que ce que représentait le Comte de Chambord.* Il ne peut être qu'un prince *libéral,* admettant à côté de sa souveraineté de droit dynastique l'autorité *du droit national,* et acceptant du mouvement révolutionnaire et réformateur de 89 tout ce qui a irrévocablement constitué la société moderne avec une puissance qui ne permet plus à personne de remonter le cours des âges et de faire revivre un passé mort à jamais.

D'autre part, le journal *La Vraie France,* commentant le 9 septembre, la fameuse déclaration de M. Ed. Hervé : « *Monsieur le comte de Paris ne pourra tenir LE TITRE DE ROI que de Dieu, de son énergie et*

de la France, » exprime en ces termes le sentiment
que lui inspirent ces paroles :

« Ces lignes renferment une erreur fondamentale,
ou, pour parler plus exactement, une véritable hérésie.

« Les règles de la successibilité au trône prêtent
matière à de sérieuses et délicates discussions, bien
des pages ont été écrites, bien des princes ont fait des
déclarations, bien des assemblées ont délibéré sur
cette question, qui somme toute, n'a jamais été définitivement tranchée.

— Ce que les *Orléanistes* prétendent nous donner,
— nous sommes bien obligés de conserver le mot,
puisque la chose subsiste, — c'est le *Roi légitime de
la Révolution ;* or ce qu'il nous faut, c'est un Roi qui
rompe avec la tradition révolutionnaire victorieuse depuis près d'un siècle et nous rende notre vieux droit
national, dont le code a été merveilleusement rajeuni
et mis à jour par notre dernier roi Henri V. »

De son côté, le *Pas-de-Calais* (23 septembre) écrit
sous ce titre :

RÉPONSE AUX LIBÉRAUX.

« En présence des déclarations de certains organes
parlementaires qui voudraient faire de la Monarchie
future un mélange de révolution et de conservation
sociale, nous sommes heureux de constater que
l'unanimité des journaux royalistes de province maintient haut et ferme le programme monarchique de
notre regretté Roi. C'est un testament que nous res-
pecterons, que nous défenderons et qu'avec de la
persévérance nous ferons triompher. »

Commentant l'attitude significative de deux journaux
orléanistes qui avaient trouvé bon de tronquer le compte-

rendu de la réunion royaliste tenue à l'hôtel continental, le même journal écrit encore sous ce titre digne d'être remarqué :

LES CATHOLIQUES LIBÉRAUX ET LA RÉUNION DU CONTINENTAL.

Le *Français* et la *Défense* font de longs emprunts aux discours de MM. Barbes et Cornély. Ils s'attachent à reproduire les passages où les orateurs ont parlé des droits de M. le Comte de Paris à la couronne, de l'adhésion sans réserve qu'ont faite à ce prince les légitimistes les plus déclarés. Ils n'ont garde d'oublier l'extrait où MM. Barbes et Cornély jugent superflu de demander un programme politique à M. le Comte de Paris, dont les actes à Frohsdorf valent une déclaration, et qui a d'ailleurs affirmé qu'il gouvernerait en Roi.??

Mais le *Français* et la *Défense* omettent le passage du discours de M. André Barbes où il est question, à côté des droits du prince, de ses devoirs vis-à-vis de son prédécesseur et vis-à-vis de ses partisans ; celui où M. Barbes dit que la Monarchie « doit répudier les systèmes révolutionnaires, qui énervent la volonté, paralysent les forces et amènent l'impuissance » ; celui où le même orateur parle de la Monarchie chrétienne ; le passage enfin où il est question du programme de la Monarchie, et où se trouve cette phrase relative à M. le Comte de Paris. « Il est roi de France et son programme n'est autre que celui des rois ses prédécesseurs. »

La *Défense* et le *Français* ont mis le même soin à écarter dans les emprunts faits au discours de M. Cornély tout ce qui a trait à la Monarchie chrétienne, populaire et militaire.

Le Soleil explique longuement quel sera le caractère de la Monarchie telle que l'entend M. le Comte de Paris.

« Des polémiques tout à fait prématurées et par conséquent tout à fait inutiles, dit-il, se sont élevées entre quelques journaux conservateurs sur la ligne de conduite que devrait suivre, le jour où il serait légalement appelé à régner, Monsieur le Comte de Paris, qui est actuellement, par son droit de naissance et non par la volonté de Monsieur le Comte de Chambord, le légitime représentant du principe monarchique, incarné depuis plus de neuf siècles dans la descendance masculine de Hugues Capet.

C'est aller vite en besogne, car enfin, si Monsieur le Comte de Paris est chef incontestable et incontesté de la Maison de France, il n'est pas encore le Roi. S'il l'est en droit, dans tous les cas, il ne l'est pas en fait. D'ailleurs, il faut bien admettre, bon gré, mal gré, que la future politique royale, sur laquelle on disserte à perte de vue avant l'heure, dépendra quelque peu des circonstances au milieu desquelles et des événements à la suite desquels s'accomplirait le rétablissement de la Monarchie. Il n'y a rien d'absolu dans ce monde, pas même la logique, puisque, poussée à l'extrême, elle peut conduire à l'absurde.

Nous ne voulions pas intervenir dans une discussion qui nous paraît au moins intempestive. Mais elle prend de telles proportions et elle fournit à la presse républicaine tant de prétextes d'attaquer avec sa mauvaise foi habituelle, le principe monarchique, que nous ne croyons plus pouvoir nous dispenser de nous y mêler sommairement pour empêcher que l'opinion publique ne s'égare.

Que pense Monsieur le Comte de Paris ? Quels sont ses plans, ses vues, ses sentiments, ses idées ? Nous

sommes à cet égard dans la plus complète et la plus
réelle ignorance, et en cela nous ressemblons à tous
nos confrères, sans aucune   exception. Mais il nous
semble que sa situation ressemble beaucoup à celle
de Monsieur le Comte de Provence. Il y avait, au com-
mencement de la Restauration, le parti des émigrés
ou des ultra-royalistes dont son frère, Monsieur le
Comte d'Artois était le chef et qui voulut imposer sa
politique au Roi. Louis XVIII eut le bon esprit et
le bon sens de repousser cette politique, et son gouvernement s'en trouva bien, et il eut avec lui, il eut
pour lui le pays, qui avait salué avec enthousiasme le
retour de la royauté, le rétablissement de la Monarchie,
mais qui voulut la royauté libérale et non la royauté
autocratique, qui voulait la Monarchie constitutionnelle
et non la Monarchie absolue. Il l'a prouvé en 1830, lorsque Charles X eut la malheureuse idée de signer ses
fatales ordonnances de Juillet.

Sans être, comme on dit, dans le secret des dieux,
nous sommes persuadés qu'il y a dans Monsieur le
Comte de Paris, beaucoup plus du Louis XVIII que du
Charles X. Lorsque l'heure aura sonné, il saura
certainement remplir ses devoirs de Roi, en conformité des vœux et des intérêts de la France moderne,
profondément chrétienne et profondément conservatrice, mais faite au régime parlementaire, à la libre
discussion et à la tolérance religieuse. »

Le *Figaro*, par la plume de M. Vacherot, nous
explique, en termes précis, ce que sera la Monarchie
de M. le Comte de Paris. Les paroles du vieux
républicain sont à méditer : les voici dans leur naïve
crudité :

« On n'est pas seulement impatient devant la réserve
des princes ; on est curieux, ce qui doit leur être
encore moins agréable. On veut savoir comment le Roi

régnera, comment il gouvernera, comment il adminis-
trera; on veut tout savoir de sa politique, dans le plus
menu détail. Tel organe, qui se dit dévoué par-dessus
tout à la cause de la religion, demande des gages à
la royauté future. Il lui faut une Monarchie catholique,
dans le sens le plus strict du mot, faute de quoi il ne
prêtera pas son précieux concours. Tel orateur,
éloquent et parfaitement désintéressé, expose le programme plus large de la Monarchie chrétienne. Ce
n'est pas tout de relever un trône. Il faut refaire la
société moderne avec les traditions du passé. Si l'on
ne rétablit l'institution des corporations, c'est en vain
qu'on aura restauré la Monarchie. Tel autre enfin, mais
celui-là sent son origine impériale, ne veut pas entendre parler de Monarchie constitutionnelle.

Ils oublient tous, ces excellents amis du Roi, qu'il
ne peut ni ne veut régner que dans les conditions du
régime parlementaire. Il suffit, pour faire et maintenir
l'union solide des partisans d'une restauration, qu'ils
se rallient tous et sans réserve au principe de l'hérédité
monarchique, qui ne fait plus question depuis la mort
du Comte de Chambord. Tout le reste, c'est-à-dire
toute la politique extérieure et intérieure, doit être
abandonnée au jeu des partis constitutionnels qui se
disputeront le pouvoir dans le Parlement, comme cela
se fait en Angleterre, en Italie, en Autriche, en Espagne,
dans tous les pays vraiment libres, où fleurit le régime
parlementaire.

M. le Comte de Paris n'a point à changer de drapeau,
comme son noble cousin. La France est assurée d'a-
vance de trouver le nouveau chef de la Maison de
Bourbon prêt à accepter toutes les conditions de la
Monarchie moderne,

Il ne fera ni manifeste, ni programme ; il ne jugera
point le gouvernement de son pays. Il lui suffira de

rappeler que la Maison de Bourbon, à l'étranger
comme en France, reste toujours au service de la patrie,
de quelque façon que la France entende être servie » (1).

Si c'est là ce que veulent les royalistes, qu'ils aillent
au roi soliveau que leur promet M. Vacherot !

Enfin, le même journal ayant annoncé, par la plume
de M. de Grandlieu (Lavedan) que M. le Comte de
Paris *sera le roi légitime de la Révolution, et ne peut
pas être autre chose* (2). L'*Univers* du 6 octobre
répond en ces termes :

« Loin de repousser la monarchie qui mettra fin
à la république, nous l'appelons de tous nos vœux de
catholique et de Français. Loin de faire obstacle
à M. le Comte de Paris, nous souhaitons qu'il règne
pour l'avantage de l'Eglise et le plus grand bien de la
France. Mais plus nous désirons le rétablissement de
la monarchie, plus nous la voulons dans des conditions
d'ordre et de stabilité qui en fassent véritablement un
bien et pour le pays et pour la religion. C'est là toute
notre querelle avec ces organes trop zélés de l'ancien
parti orléaniste, qui ont attendu la mort du Comte
de Chambord pour crier : « Vive le Roi ! » Comment
a-t-il pu y avoir malentendu jusque dans l'esprit
de plusieurs de nos lecteurs ?

Dès le premier jour, l'*Univers* a nettement marqué son opinion. L'article si précis et d'une mesure si
exacte de notre rédacteur en chef a acquis de la
discussion une nouvelle force et une nouvelle clarté.
Qu'a dit l'*Univers*, à propos de la mort du roi, qui ne
soit aujourd'hui l'expression des sentiments des vrais
royalistes et qui ne paraisse de plus en plus juste par
la manifestation des pensées de ces pseudo-monar-

(1) *Figaro*, 25 novembre 1883.
(2) N° du 2 octobre 1883.

chistes, sortis tout à coup du cercueil de Monsieur
le Comte de Chambord ?

On nous a accusés d'avoir vu dans la mort de
Monsieur le Comte de Chambord la fin de la monarchie
chrétienne, l'affermissement de la Révolution. Quel-
ques- uns de ceux qui croyaient tout sauver en poussant
l'ancien cri de royauté : *Le Roi est mort, vive le Roi!*
nous ont reproché aussi d'avoir dit que nous atten-
drions que M. le Comte de Paris ait parlé, avant
de saluer en lui un sauveur. Aujourd'hui, les plus
violents à nous attaquer vont bien au delà des appréhensions que pouvait nous causer l'ouverture de la
succession royale, et justifient singulièrement les
réserves que l'avènement de M. le Comte de Paris
nous commandait.

Le *Figaro* s'indignait que nous parlions de la fin de
la monarchie chrétienne, du triomphe de la Révolution, et aujourd'hui c'est lui-même qui déclare que
c'en est fini de l'ancien régime, de l'ancien ordre
chrétien et social de la monarchie, et que M. le Comte
de Paris ne peut être que le roi de la Révolution.
Il nous traitait de factieux, de fauteur de divisions,
à cause de notre peu d'empressement à acclamer
le successeur de Monsieur le Comte de Chambord,
et c'est lui qui vient répudier publiquement l'héritage
de la monarchie ! Mais si M. le Comte de Paris doit
être le roi de la Révolution, parce qu'il « ne peut pas
être autre chose », que devient l'hérédité et à quel
titre ce prince succède-t-il à Henri de Bourbon ?
Le *Figaro* nous accusait de méconnaître le droit
héréditaire en la personne de M. le Comte de Paris ;
pour lui, il le nie absolument. La Révolution, en effet,
ne reconnaît pas les rois ; elle n'admet qu'une souveraineté, celle du peuple. On ne peut pas être à la fois
roi de la Révolution et roi par l'hérédité. M. le Comte

de Paris doit opter entre ces deux royautés, entre celle
que lui attribue le *Figaro* et celle qui doit être la
sienne.

Nous savions bien que l'effervescent monarchisme
du *Figaro* n'était que du libéralisme révolutionnaire.
Il nous le montre lui-même avec une ingénuité de
sophisme qui va de pair avec l'innocence de ses petites
correspondances. Avions-nous aussi raison de craindre
que la monarchie préconisée par le *Figaro* ne fût celle
qui nous était désormais réservée avec le chef de
la famille d'Orléans ? Le langage du *Figaro*, celui du
Soleil et du *Français* aussi, nous montrent de quelle
manière le parti libéral entend le rétablissement de la
monarchie. Le régime constitutionnel et parlementaire,
le régime des principes de 89 est son idéal. Il veut la
monarchie, mais la monarchie d'institution révolutionnaire.

C'est à cette monarchie du *Figaro* et des principes
de 89, et non à la personne de M. le Comte de Paris,
que nous avons fait opposition d'avance, sachant de
quel côté le parti orléaniste irait de lui-même, si l'on
n'essayait pas au moins de l'arrêter en route. Nous
en avons dit assez dès le premier jour. Nous avons
reconnu la situation de M. le Comte de Paris, son titre
à succéder à Monsieur le Comte de Chambord. Sans
nous occuper de la loi salique ou du traité d'Utrecht,
nous avons constaté que le chef de la famille d'Orléans, en sa qualité de premier prince français de
la maison de Bourbon, était le seul prétendant possible
au trône de France, le seul appelé à prendre la place
de celui que l'histoire nommera Henri V. Il n'est
pas exact, comme paraît le dire notre honorable
correspondant, que nous n'ayons voulu le reconnaître
« qu'à la condition préalable d'obtenir de lui un manifeste attestant qu'il a hérité non-seulement du droit,

mais des idées, du programme, peut-être même des vertus de son incomparable prédécesseur. » Non ; mais nous avons dit que Monsieur le Comte de Paris ne serait l'homme de la situation et de la France, que s'il était le roi de la monarchie traditionnelle, et non, comme le veut le *Figaro*, le roi de la Révolution.

En cela nous avons servi la cause de la monarchie, l'intérêt du pays. D'autres, en acclamant si haut le Comte de Paris, ne cherchaient, peut-être sans se l'avouer, que leur propre avantage ou le triomphe de leurs idées ; nous avons conscience d'avoir été plus utile qu'eux à la cause qu'ils nous ont tant accusé de compromettre. Qu'en serait-il advenu de cette monarchie des d'Orléans, qui se présentait, avec les précédents de la famille et les doctrines de ses amis, sous de fâcheux auspices, si personne n'avait réclamé, au nom des principes, contre les tendances affichées du parti, si aucun journal n'avait montré qu'en dehors du petit monde livré aux intrigues et aux ambitions de la politique, il y a tout un parti, tout un peuple chrétien qui attend du rétablissement de la monarchie autre chose que le renouvellement des erreurs et des fautes du libéralisme ? Cette opposition d'extrême droite dont parle notre correspondant, nous la faisons dès maintenant pour n'avoir pas à la faire plus tard.

Plus nous obtiendrons de M. le Comte de Paris qu'il se rapproche du chemin tracé par le Comte de Chambord, plus nous lui attirerons de dévouements et de concours ; et plus nous réussirons à faire rentrer la monarchie dans ses voies traditionnelles, plus nous aurons contribué à assurer son avenir et le bien du pays. Loin d'écarter M. le Comte de Paris, nous voulons, beaucoup plus que le *Figaro* et les autres, qu'il soit roi, puisque nous voulons qu'il règne en gouvernant, qu'il règne avec autorité, sérieusement et

utilement, en renonçant aux niaiseries parlementaires,
aux erreurs fatales de la Révolution, et en cherchant
dans la loi de Dieu et de l'Eglise, dans la tradition
monarchique et nationale la règle de sa politique ;
loin d'empêcher la monarchie, nous voulons un gouvernement fort et efficace, qui la fasse durer aussi
longtemps que la France et la mette à l'abri des
catastrophes qui sont au bout des théories révolutionnaires.

Est-ce à dire que nous comptions sur le succès
de nos instances et de nos conseils ? Pouvons-nous
nous attendre à être écouté ? Devons-nous montrer
l'espoir de voir réaliser en la personne du chef de
la famille d'Orléans la royauté autoritaire et chrétienne dont le Comte de Chambord donnait une si
haute idée ? Ce serait trop nous demander. Il suffit
que nous fassions ce qui dépend de nous pour que
la future monarchie soit ce qu'elle doit être et nous
délivre définitivement de la Révolution. »

Si la situation dynastique du prétendant est contestée,
on voit que son programme l'est encore davantage,
chacun lui en prêtait un à sa guise. Tandis que les
journaux que nous venons de citer font de M. le Comte
de Paris un révolutionnaire, d'autres, et avec eux les
orateurs de l'Hôtel Continental le présentent comme le
fidèle continuateur des doctrines et du programme de
M. le Comte de Chambord. Qui croire ? Qui trompe-t-on ?
Qui est autorisé à parler au nom du prince ? Nous
le proclamons bien haut, malgré la séduisante élo-
quence de tant de beaux discours : « Le moindre petit
mot du prince ferait bien mieux notre affaire. » Et que
l'on ne dise pas que ces doutes, ces contradictions
n'ont pas d'importance et ne font pas obstacle à l'action
commune des royalistes.

« Puisque, dit M. A. Loth, le prince appelé, par la

mort d'Henri V, à hériter de la couronne de France, a
jugé à propos jusqu'ici de ne point faire connaître sa
pensée, les organes de l'ancien parti orléaniste
devraient imiter sa réserve. Le silence de M. le Comte
de Paris peut être interprété différemment ; ce que
disent, au contraire, ses journaux, ne laisse pas de
doute sur le genre de monarchie qu'ils voudraient
voir rétabli en la personne de Louis-Philippe II. Plus
le nouveau chef de la maison royale met d'intention
à se taire, plus le libre langage de ses amis est de
nature à éveiller les inquiétudes. Quelle monarchie
nous prépare-t-on ? Le *Soleil* assure qu'il y a dans
M. le Comte de Paris « beaucoup plus du Louis XVIII
que du Charles X ». Qu'importe ? Ni l'un ni l'autre ne
serait le roi qu'il faut aujourd'hui à la France ; mais
des deux c'est, à coup sûr, Louis XVIII qui vaudrait le
moins.

Le même journal, que l'on est habitué à regarder
comme l'organe quasi-officiel de la famille d'Orléans,
déclare encore que, le moment venu, M. le Comte de
Paris « saurait remplir ses devoirs de roi en conformité des vœux et des intérêts de la France moderne,
profondement conservatrice, mais faite au régime
parlementaire, à la libre discussion et à la tolérance
religieuse ». Les vœux du *Figaro* et du *Français*,
ainsi que du *Moniteur universel* concordent avec ces
déclarations. Tout l'ancien parti orléaniste, qui boudait
ou qui frondait le Comte de Chambord, s'agite autour
de Monsieur le Comte de Paris pour lui dicter le programme de la monarchie qu'il est appelé à établir.
Elle sera, nous dit-on, chrétienne et parlementaire,
conservatrice et libérale. Nous répondons qu'elle sera
par cela même révolutionnaire. C'est toute notre querelle avec les tenants de l'orléanisme. Elle est grave,
elle va au fond des choses.

C'est de la Révolution qu'il s'agit. Le *Figaro*, le *Soleil* et les autres veulent que la future monarchie reprenne la tradition de 1789, les errements de 1830, la suite du 24 mai. C'est à cette monarchie, et non à M. le Comte de Paris, que nous avons fait opposition. Les journaux républicains, avons-nous dit, ont mieux compris notre attitude que les organes du néoroyalisme, si ardents à crier que nous méconnaissions le droit de l'hérédité et que nous jetions le trouble dans le parti monarchique. Nous discutons sur un principe. La monarchie restaurée en la personne de M. le Comte de Paris doit-elle être autoritaire ou parlementaire, catholique ou libérale ? Doit-elle remonter simplement à 89 et continuer la Révolution, ou revenir à la tradition nationale et rétablir l'ancien ordre chrétien, avec les modifications que peuvent réclamer le siècle et l'état actuel des esprits ? Là est le débat.

S'imaginer, dit le *Temps*, que les questions sur lesquelles discutent l'*Univers* et M. de Mun d'un côté, le *Figaro* et M. Hervé de l'autre, ne sont que des questions accessoires, qu'on peut réserver et qui n'empêchent pas une action commune, suppose une singulière puissance d'illusion. Qui ne voit au contraire, du premier coup d'œil, que le conflit est radical et irréductible ; qu'il éclate dans le fond des choses entre deux principes exclusifs l'un de l'autre : entre le gouvernement théocratique, le droit divin, la prépondérance de l'Eglise, la conception politique du moyen âge d'une part, et le droit moderne, la souveraineté du suffrage universel, le progrès libéral de l'autre ?...

Pour mieux s'en convaincre encore, ajoute ce journal, il suffit de voir en présence pendant un moment les deux conceptions politiques contraires. Peuvent-elles se considérer avec quelque sympathie

et quelque tolérance, comme se tolèrent les fractions
d'un même parti représentant les conséquences diverses d'un même principe ? Nullement, car elles sont la
négation radicale l'une de l'autre. Nous savons ce que
les libéraux constitutionnels pensent des utopies de
l'école légitimiste cléricale. D'un autre côté, que voulez-vous que M. de Mun et l'*Univers* disent des
principes des libéraux, de leurs aspirations et de leur
conduite ? C'est pour eux bien plus qu'une dissidence
politique, c'est une hérésie religieuse, c'est la Révolution sanctionnée et triomphante, c'est la ruine de leur
foi et de leurs espérances.

Nous n'avons pas à donner ici le plan de monarchie
qui répondrait le mieux, selon nous, à la conception
d'une société chrétienne, d'un Etat bien ordonné.
L'exemple du passé, la tradition nationale, le modèle
des bons règnes, les enseignements du Comte de
Chambord en fourniraient les éléments. Mais quand
nous entendons le *Figaro* nous donner le programme
d'une monarchie soi-disant constitutionnelle et libérale, faite selon la formule révolutionnaire, et accomo-
dée, sous prétexte d'actualité, à toutes les erreurs,
à tous les vices, à toutes les folies du temps, nous
protestons, nous disons que nous ne reconnaissons
pas là la vraie monarchie, que cette monarchie nouvelle n'est pour nous qu'une forme de la Révolution,
comme la république elle-même. Ce n'est pas nous
seulement qui apercevons le vice de cette fausse
monarchie, dont le *Figaro* a donné une si fâcheuse
idée.

De bonne foi, dit le *Temps*, après avoir cité ce singulier organe de la cause royaliste, que doivent penser
l'*Univers* et tout le parti ultramontain d'un tel langage ? Nous autres libéraux républicains, avons-nous
jamais nié plus radicalement les principes de leur foi

religieuse et politique ? En avons-nous jamais parlé
avec moins de respect ? Ne sont-ils pas fondés à dire
qu'entre ce libéralisme monarchique et le libéralisme
républicain ils ne voient d'autre différence que celle de
l'étiquette ? Pourquoi ne les envelopperaient-ils pas
l'un et l'autre dans le même anathème ?

C'est bien par haine de la république, en effet, que
nous combattons l'espèce de monarchie dont le *Soleil*
pose les conditions et qui aurait son expression dans
le *Figaro*. Comme nous ne voulons pas de la république des Ferry et des Grévy, nous ne voulons pas
d'une monarchie qui nous y ramènerait promptement.
La France est assez éprouvée, assez malheureuse,
pour qu'on ne veuille plus la faire repasser par cette
série d'expériences politiques et de catastrophes sociales qui l'ont conduite où elle est. Elle périt, et pour
la relever on ne nous offre rien de plus qu'un 24 mai
monarchique. On lui donne pour remède le mal dont
elle souffre et, sous prétexte de la guérir, on achève
de la tuer. Revenons enfin à la raison, au bon sens.
Une monarchie parlementaire et libérale à l'instar des
régimes précédents serait la perte de la France, la
ruine de la monarchie. Après cette nouvelle expérience des utopies libérales, il ne resterait plus à
la France aucun moyen de salut, aucune chance de se
relever, et ce serait, par une violente réaction de
l'esprit révolutionnaire contre ce semblant de retour à
la monarchie, le triomphe définitif du radicalisme
communard ou du césarisme démagogique.

L'instant est décisif. Si l'on veut le salut de la
France, il faut constituer la monarchie dans des conditions où elle puisse faire le bien et durer. Les
hommes entichés de libéralisme et qui veulent la
monarchie pour la monarchie, regardent avec complaisance cette nombreuse famille dont M. le Comte de

Paris est le chef, persuadés qu'elle suffit à assurer l'avenir de la royauté. Il y a une dynastie, mais il faut des principes pour la faire vivre. Le rétablissement de la monarchie ne peut plus être un essai, comme on en a tant fait ; les conditions d'un régime bon et durable doivent au contraire s'y trouver réalisées du premier coup. La France a besoin d'un gouvernement fort, régulier, stable. La discussion l'a perdue, l'autorité la sauvera. Le libéralisme a mis partout le désordre. Si le trouble est profond et radical en France, c'est que les principes de 89 ont tout mis à l'envers. Le régime du pays présente aujourd'hui cette anomalie monstrueuse, que ce sont les particuliers qui s'occupent des affaires de l'Etat, et l'Etat de celles des particuliers. Le « gouvernement du pays par le pays », a produit ce renversement des rôles. La première loi de la future monarchie devra être de répudier le libéralisme pour revenir à l'autorité. C'est la condition nécessaire de l'ordre et même de la liberté. »

Il n'est pas étonnant qu'en face d'une situation s critique, certains organes importants du parti royaliste sonnent le glas de la monarchie chrétienne.

Dans l'*Univers* du 25 août, M. Eugène Veuillot commence par déclarer qu'avec M. le comte de Chambord « c'est un principe qui succombe, un régime qui finit. » Puis, après avoir rappelé qu'avec ce prince on pouvait espérer « une restauration politique, sociale et religieuse : le salut, » il ajoute :

« Aujourd'hui cet espoir nous est humainement interdit. On peut nous montrer César et nous promettre sa conversion, peut-être va-t-il la promettre lui-même ! On peut nous offrir le prince constitutionnel, honnête

homme, bon père de famille, chrétien dans la vie
privée, *unissant à l'aversion discrète du mal l'amour
contenu du bien;* mais le roi, le vrai roi, celui qui,
croyant à l'Église comme il y faut croire, voulait la
protéger; qui entendait faire régner avec lui la justice
et les mœurs, ce roi, il n'est plus, et personne ne peut
ni ne veut le remplacer. Il ne faut pas dire à ce point
de vue, le plus important de tous, que le trône est
vacant, il faut reconnaître qu'il ne sera pas même disputé. L'ère de la monarchie chrétienne est close pour
la France, et la révolution est victorieuse absolument.

Sans vouloir rechercher dès maintenant l'action que
ce coup de la Providence, devant lequel il faut s'incliner, exercera sur l'état des partis, nous devons
indiquer, en deux mots, la situation du parti monarchique.

Les royalistes, trop nombreux, auxquels Henri V,
par ses vertus et ses principes, faisait obstacle, vont
pousser avec empressement et joie le vieux cri de la
France monarchique : « Le Roi est mort, vive le Roi! »
Quelques-uns même, cédant à la fièvre du triomphe,
l'ont déjà fait. D'autres, plus désintéressés et dont le
cœur saigne, s'associeront froidement et comme par
devoir à ce cri. — Il faut songer à la France, diront-
ils, et chercher dans la loi monarchique l'appui qu'elle
peut encore donner. Nous comprenons ceux-ci, mais
nous n'avons pas hâte de les suivre. Sans contester la
situation de M. le Comte de Paris, nous attendons
qu'il ait parlé avant de saluer en lui un *sauveur.*

Ce coup, en même temps qu'il frappe la France
atteint l'Église. Le pouvoir temporel perd le seul
prince qui pût, avec chance de succès, songer à le relever. D'autres reconnaissent ou reconnaîtront peut-
être que le Pape doit recouvrer tout ou partie de ses

États, comme garantie de son indépendance ; mais, soit manque de force pour agir, soit manque de dévouement et de volonté, ils s'en tiendront à de stériles souhaits. L'épée de la France ne sera plus, de bien longtemps du moins, au service de Dieu. »

La *Décentralisation* de Lyon, du 4 septembre, dit aussi :

« Henri V est descendu dans la tombe, emportant pour jamais avec lui l'idée de la vieille monarchie francaise, chrétienne dans sa politique, honnête dans ses moyens.

Il est enseveli dans les plis de son drapeau, glorieux symbole de nos gloires passées, de nos grandeurs oubliées, drapeau blanc aux fleurs de lis d'or, qui a paru vainqueur sur les clochers de Metz et de Strasbourg, et que nous espérions y voir flotter encore au vent qui souffle de France.

Nul autre que lui ne trouvera ces affections ardentes, ces dévouements absolus qui l'auraient ramené sur le trône après l'avoir consolé dans l'exil.

Avec lui disparaît le dernier rejeton d'une race aussi illustre par ses malheurs que par ses exploits et ses vertus. Avec lui, quoi que l'on puisse dire, se clôt irrévocablement un cycle de l'histoire de France.

Il était l'homme nécessaire pour les grandes restaurations. Dans les épreuves qui semblent prochaines, on le sentira davantage et l'on verra chaque jour s'agrandir le vide creusé par sa mort. »

En résumé, le camp royaliste est livré à la confusion, au doute, à la crainte. Que dit le prince ? Que veut-il ?

M. Thureau-Dangin écrit dans le *Français* (24 septembre.)

« A considérer les manifestations qui se sont produites depuis quelques semaines, dans le sein du parti monarchique, celui-ci ne se contente pas de reconnaître le titre de l'héritier du droit royal, mais il accepte, bien plus. *Il appelle son autorité, son commandement.* Il est disposé à voir en lui non-seulement le prince auquel la couronne appartiendra de droit héréditaire le jour où la France reviendra à la monarchie, mais le chef chargé de présider, dès aujourd'hui, aux efforts du grand parti conservateur. *Tous attendent de lui le mot d'ordre, la direction,* et pour ceux-là mêmes aux idées particulières desquels, cette direction pourrait, sur certains points, n'être par conforme, la satisfaction d'être dirigés compensera et au-delà le déplaisir d'être contrariés. »

L'*Echo de la Somme :*

« On ne peut pas, sur un certain point, se défendre de quelques préoccupations et, si grand que soit le respect que l'on professe pour le Prince dont nous sommes les très obéissants sujets, on en vient, malgré soi peut-être, à se demander quand et comment il agira.

Or, c'est précisément sur ce sujet que s'est expliqué le *Français* qui nous fait connaître aujourd'hui que l'action de Monsieur le Comte de Paris se produira à son jour et à son heure et qu'elle sera efficace. Nous citons le passage tout entier.

Si nous ajoutons que ceux qui ont vu, il y a vingt ans, Monsieur le Comte de Paris sur les sanglants et terribles champs de bataille des États-Unis, ont remarqué alors chez le jeune aide de camp de Mac Clellan dans les passes les plus critiques et les plus périlleuses, à ces heures où les vaillants eux-mêmes sont au moins agités, un sang froid, une présence d'esprit, une possession de soi-même, une rapidité et un calme de décision qui sont la forme la plus rare de l'intrépidité, alors on reconnaîtra chez ce prince les qualités qui lui permettent non seulement de manœuvrer le plus habilement dans les difficultés de l'heure présente, mais aussi de faire face aux périls de l'avenir, d'y montrer, à l'heure, à la minute décisive, la résolution et la clairvoyance d'où pourra dépendre le salut de la France.

Dans cette action, il sera, croyons-nous, comme en tout le reste, sérieux, sincère et pratique. Rien en lui de ces brouillons et de ces hâbleurs qui, parlant à tort et à travers, ne se trouvent pas prêts au seul moment important, ou qui, affectant de prendre des airs de tranche-montagne, se dérobent quand il faut agir réellement. Il ne parlera pas à la hâte et à la légère. mais ce qu'il dira portera; et quand il se mettra en avant, ce sera pour une action efficace. N'est-ce pas ce dont nous avons avant tout besoin? Car il ne s'agit plus d'amuser notre imagination, mais de donner à nos convictions outragées, à nos intérêts sacrifiés, à notre patriotisme trop justement alarmé des satisfactions réelles. »

Cette déclaration de notre confrère peut donc se résumer ainsi : Patience et confiance.

Le *Français* conclut ainsi :

Pendant que notre chef remplit sa mission, organise ses forces, distribue ses instructions, prépare pour le jour convenable ses initiatives décisives, *nous avons tous une œuvre à faire*, dont l'attente de l'action princière ne peut nous décharger ni ne peut nous distraire. Peut-être, un jour, prendrons-nous la liberté de rappeler les conditions et les obligations de cette œuvre. »

Eh bien! comme le dit l'excellent journal royaliste. l'*Action*, il est fâcheux que le *Français* n'ait pas osé prendre une liberté qui lui aurait mérité toute notre reconnaissance. Et notre confrère, M. André Barbes, poursuit ainsi :

Dire quelles sont les « conditions » et les « obligations » de cette œuvre, ç'aurait été rendre un
immense service à la cause monarchique. Nous aurions
su quel était le genre d'action auquel nous devons
apporter notre concours.

Nous ne voulons être ni des brouillons, ni des
gêneurs. Si nous avons une part à prendre dans l'action monarchique, ce sera à notre rang et à notre
place. Nous laisserons à ceux qui auront la très louable
ambition d'accepter les responsabilités le soin de donner le signal, ne demandant à nous distinguer, dans
l'œuvre commune, que par plus de dévouement, d'abnégation et de discipline.

Le *Français* et le *Moniteur Universel* sont d'accord aujourd'hui pour engager les monarchistes à
renoncer à des manifestations de sentiment, qu'ils
jugent « stériles : » Il est infiniment préférable pour
les conservateurs, dit le *Moniteur*, de s'adonner pratiquement à la défense de leurs convictions. »

Nous espérons que nos deux confrères voudront bien
définir très prochainement, comme le promet le
Français, les conditions de l'œuvre à laquelle nous
devons travailler et nous dire aussi comment nous
pouvons nous consacrer pratiquement à la défense de
nos convictions.

Les conclusions que M. André Barbes a tirées des
déclarations du *Français* sont aussi logiques que res-
pectueuses des droits de Monsieur le Comte de Paris.
Nous nous y associons donc pleinement, décidé « à
nous consacrer pratiquement à la défense de nos convictions » et désireux surtout de connaître les obligations et les conditions de l'œuvre dont le *Français* a
parlé ».

M. Paul de Cassagnac, constatant l'état de trouble
ou s'agitent les royalistes, écrit sur ce sujet un article

qu'il nous paraît bon de reproduire en partie. Le but que poursuit M. de Cassagnac, quant à la forme du gouvernement, n'est pas le nôtre, mais sur la question générale il dit, avec sa vigueur habituelle, des choses que les catholiques, les royalistes et leurs chefs feront bien de méditer. Après avoir établi que le principe de l'hérédité doit comprendre l'hérédité familiale et l'hérédité des principes, il ajoute :

« Il y a dans le nouveau parti royaliste deux courants très marqués, le courant autoritaire et le courant libéral.

Ils peuvent, comme certain fleuve connu, traverser tout un lac sans pouvoir jamais mêler leurs eaux.

Les anciens légitimistes pensent que la royauté ne peut se faire, n'a même quelque utilité d'être faite, que si elle se propose de mettre l'énergie la plus inexorable au service du relèvement de la patrie.

Les orléanistes, tout en constatant qu'il y a du mal, beaucoup de mal, espèrent que des moyens palliatifs seraient suffisants.

Or, il y a un abîme dans ces deux manières de voir.

Gouverner avec une presse libre, déchaînée ;

Gouverner avec deux Chambres, avec des majorités, des minorités, des responsabilités ministérielles, c'est continuer, en les atténuant à peine, les difficultés répugnantes de la situation actuelle.

Et personne, personne, en dehors de quelques centaines d'anciens doctrinaires incorrigibles, ne se soucie de recommencer une politique impuissante, qui a donné les résultats lamentables que l'on connaît.

Et cela est tellement vrai que vous n'avez qu'à ouvrir les yeux, qu'à ouvrir les oreilles, pour voir, pour entendre les déchirements qui se produisent déjà dans le parti royaliste mal soudé, composé d'éléments hétérogènes, difficiles à fusionner.

Déjà le *Clairon*, hier, se prononçait énergiquement pour une politique autoritaire, celle de M. le Comte de Chambord.

Le *Gaulois* du même jour parlait ironiquement des moyens *légaux* de restaurer la royauté.

Et la lettre des gentilshommes de la chambre de M. le Comte de Chambord, qui vient d'être publiée à grand fracas, tout en reconnaissant les droits de M. le Comte de Paris, parle en même temps de la *retraite* dans laquelle ces messieurs entendent se confiner.

Pourquoi cette *retraite*, si l'œuvre monarchique d'aujourd'hui est celle d'hier ?

Pourquoi cette reconnaissance théorique des droits, et cette abstention pratique dans le moyen de les appuyer, de les faire valoir !

Le journal l'*Univers*, dont les tendances profondément conservatrices, profondément religieuses, ne sauraient être suspectées que par ceux qui n'en ont aucune, est, depuis le premier jour, dans la même situation de réserve inquiète.

En un mot, avant de savoir si réellement ils ont un roi, les royalistes ont besoin de savoir quelle sera la royauté.

Les mots ne suffisent pas et il faut aller au fond des choses.

Il y a telle royauté qui nous irait fort, et tel empire qui ne nous irait pas du tout.

De même pour la république.

Et nous sommes arrivés à une telle époque de trouble, de confusion, de misère morale, que l'étiquette ne suffit plus pour rassurer l'opinion publique.

Elle veut quelque chose de plus net, de plus précis.

La France a l'impérieux besoin de savoir quel empire nous réserve le prince Napoléon et quelle royauté nous prépare M. le Comte de Paris.

Cela est nécessaire pour qu'elle décide si elle doit se déranger et risquer ce qui lui reste de vitalité, afin d'en aider l'avènement.

Et puis ce n'est pas tout.

Comment entendent-ils ramener cet empire ou cette royauté ?

Si c'est par la persuasion, nous nous permettrons d'en rire tout à notre aise, quoique nous n'en éprouvions guère l'envie.

Si c'est par la légalité, résultat de la persuasion, nous rirons jaune encore, mais nous rirons.

Et nous irons même jusqu'à penser que les princes, quels qu'ils soient, se moquent prodigieusement et d'eux-mêmes et de nous.

La France veut des paroles qui soient des actes, en attendant des actes qui produisent la solution ardemment désirée.

Elle a soif de virilité. Elle veut entendre une voix mâle et résolue.

Nous en avons tous assez, mais absolument assez, des princes qui demeurent dans l'ordre contemplatif et qui n'attendent leur restauration que du hasard, n'osant compter ni sur leur courage ni sur leurs devoirs.

Parmi les princes que la vieille France ou que la jeune France a élevés pour son salut plus tard, parmi les fils de France, que ce soit du premier lit ou du deuxième, y a-t-il des hommes ?

Voilà ce qu'il plaît enfin à la France de savoir.

Car alors, s'il n'y a personne parmi eux que des jouisseurs de la vie facile, nous ferons comme ces voyageurs pris dans les tourmentes de neige, qui, se sentant gagnés et engourdis par le froid, se retournent sur la terre glacée pour dormir, en attendant la mort.

Tandis que si le cri guerrier qui partit des plaines d'Ivry pour retentir dans Paris assiégé vient à se faire entendre encore, poussé par le petit-fils du Béarnais ; tandis que si la voix grave et profonde qui troubla les nuits de Brumaire et de Décembre vient à s'élever cet hiver ; eh bien ! nous saurons que non-seulement rien n'est perdu, mais que tout est à espérer et que tout est à faire !

Avons-nous des chefs autrement que d'une façon nominale et honorifique ?

C'est ce que les soldats de la grande armée chrétienne et conservatrice veulent savoir et sauront ! »

La confusion, le trouble, le découragement ne font que s'étendre parmi les royalistes. Le *Figaro* (5 novembre) le constate lui-même, lorsque dans une lettre à M. le Comte de Mun, il dit :

« A Paris, nous n'avons pas le sentiment de cette situation, mais, en province, il est impossible de se faire illusion.

Depuis la mort de M. le Comte de Chambord, beaucoup de vos amis se désintéressent des affaires du pays, ou du moins affectent d'y apporter un intérêt médiocre, qui contraste singulièrement avec l'ardeur d'autrefois.

Les uns brisent leur épée, les autres disent dédaigneusement ; « Tâchez de réussir, nous vous suivons de nos vœux... » D'autres enfin répètent avec le comte d'Andigné : « Qu'ils ne reconnaissent *et n'ont le droit de reconnaître* à M. le Comte de Paris que le titre de chef de la branche d'Orléans. »

A chaque instant, on rencontre une défiance et une mauvaise volonté, qui paralysent les plus fidèles.

C'est une situation devant laquelle il serait puéril de fermer les yeux. »

M. Henri Arsac, rédacteur en chef de la *Gazette de l'Est*, en annonçant la disparition de son journal, explique ainsi les raisons d'après lesquelles les membres du conseil d'administration se sont à l'unanimité résolus pour cette disparition :

« La nécessité qui avait fait naître cet organe n'existe plus depuis l'avènement de M. le Comte de Paris à la tête de la Maison de France.

M. le Comte de Paris ne conserve pas l'organisation politique de son auguste prédécesseur. Ses vues sur le mouvement monarchique diffèrent essentiellement de celles de son royal cousin. Il ne veut plus de comités royalistes institués par le Roi et chargés de transmettre ses instructions ou d'exécuter ses ordres. Il laisse aux royalistes, dans chaque province, le soin d'organiser spontanément des comités électoraux suivant leurs affinités particulières, pour travailler comme ils l'entendront, avec un libre choix des voies et moyens, à préparer une évolution du suffrage universel dans le sens monarchique.

En un mot, il n'y a plus de politique royale ; les royalistes, sans chef, sont abandonnés à leurs instincts personnels ; il n'y a plus de commandement supérieur, plus de consigne, plus de discipline, plus d'armée, — rien qu'une cohue, dont les uns tireront du côté de M. de Mun ou de M. Bocher et les autres du côté de M. Hervé ou de M. Vacherot.....

Nous disons ceci, non pour apprécier, discuter et juger la conduite du chef actuel de la Maison de France. Nous exposons simplement les faits, afin d'expliquer complètement notre disparition à ceux de nos lecteurs qui en admettent difficilement l'idée, — et ils sont nombreux. »

L'un des plus importants journaux royalistes de Lyon, la *Décentralisation*, disparaît à son tour, pour la même raison.

Dans son dernier numéro, ce journal rappelle que la *Décentralisation* était l'organe du comité royaliste du Rhône, lequel tenait ses pouvoirs de M. le Comte de Chambord.

« Mais, ajoute-t-il, ce comité espérait voir passer en d'autres mains un mandat pareil à celui qui, pour lui, venait d'expirer.

Il désirait que la *Décentralisation* pût continuer à être, sous une direction nouvelle, un instrument d'action royaliste et l'interprète autorisé, dans la région lyonnaise, de tous ceux qui attendent de la restauration de la Monarchie légitime le salut de la patrie.

Les membres de l'ancien comité, prêts à donner leur loyal concours aux hommes qui auraient reçu cette mission, *ont fait, inutilement à leur grand regret*, ce qui était en leur pouvoir pour la réalisation de cette espérance. »

La *Décentralisation* cesse donc de paraître.

M. A. Barbat de Bignicourt, un des chefs du parti légitimiste de la Marne, écrit au journal la *Champagne* (octobre 1883) une longue lettre sur l'attitude que ses amis et lui veulent observer désormais. Voici un passage important de ce document :

« En résumé, cher Monsieur, ceux qui pensent comme moi, n'entendent faire aucune opposition aux efforts que pourrait tenter M. le Comte de Paris, pour arriver à la couronne. Bien loin de là, seulement, tant que le prince n'a pas parlé, nous sommes libres, nous autres, de ne pas agir. Le jour où nous saurons dans quel sens il agit, nous verrons dans quelle mesure — si nous ne sommes pas trop dégoûtés de la vie politique — nous voulons lui prêter notre concours. S'il ne parle pas, c'est qu'il a des raisons pour ne pas le faire, devant lesquelles nous devons nous incliner. Mais, s'il ne dit rien, et surtout s'il ne nous dit pas, s'il accepte de nous l'héritage entier, intact, de M. le Comte de Chambord, il ne peut trouver mauvais que nous aussi gardions le silence?

Et ne dites pas que nous commettons ici la faute que nous avons tant reprochée aux anciens orléanistes? Vous ne seriez pas dans le vrai. Nous ne faisons pas de conditions à M. le Comte de Paris ; nous n'avons pas le droit de lui en faire. Nous le tenons pour roi dès maintenant, comme il reconnaissait en M. le Comte de Chambord le seul représentant en France du principe monarchique ; mais avec cette différence qu'il ne faisait rien, lui, pour aider le prince qu'il reconnaissait comme roi et qui parlait... alors que nous le reconnaissons pour roi, nous, sans l'aider davantage, justement parce qu'il ne parle pas...

A quoi bon insister. Je me suis promis de ne rien dire, ici qui pût irriter un débat qui n'existe même pas. Je prétends d'ailleurs — et retenez bien cette dernière parole — que notre concours serait plus compromettant qu'utile. »

L'honorable M. Barbat de Bignicourt conclut en somme, à moins que M. le Comte de Paris ne déclare accepter l'héritage politique intégral du Comte de Chambord, à la neutralité, au désintéressement absolu.

CHAPITRE V

La France attend une parole.

Ce que nous avons dit, prouve combien il importe que M. le Comte de Paris mette fin au désarroi de ceux qui n'attendent peut être qu'un mot pour s'incliner devant lui ; Comprendra-t-il cette nécessité ?

Quel est, dit l'*Univers*, quel est le danger qui menace le plus M. le Comte de Paris ? C'est celui d'êtrr absorbé par les hommes du parlementarisme, du catholicisme libéral et du figarisme. Ces groupes, dont les affinités sont manifestes et qui font aujourd'hui campagne en commun, se posent depuis quelques semaines en maîtres de la situation ; ils n'ont pas même attendu la mort du roi pour dire que la monarchie nouvelle serait faite à leur image, qu'elle leur appartiendrait, qu'elle s'appuierait sur le droit ancien pour appliquer les idées nouvelles, que l'extrême droite, c'est-à-dire les catholiques pleinement soumis au Saint-Siège et les vrais royalistes, ne comptaient plus, que la Révolution était enfin légitimée.

Puis, pour entraîner, à la fois, l'opinion et M. le

Comte de Paris lui-même, ils ont crié avec impudence et fureur que tout le monde pensait comme eux ; que si une voix dissidente osait s'élever, il fallait, au nom de la monarchie, de la patrie, de la religion, l'étouffer. Hors du *Figaro* et de ses alliés, il n'y a pas de salut. Ne pas les suivre, c'est être traître au roi, à l'Eglise et même aux mœurs.

Pour notre part, nous avons méprisé ces efforts, ce tapage et ces insolences. Nous avons parlé afin de montrer à tous, et particulièrement à M. le Comte de Paris, que les principes religieuv et politiques dont M, le Comte de Chambord a été de nos jours la plus haute expression, ne sont pas abandonnés. On prétend que nous sommes seuls. Si nous étions seuls. on ne se fâcherait pas si fort. Les déclaratious diverses que nous avons déjà reproduites, les journaux, chaque jour plus nombreux, dont le langage est conforme au nôtre, disent bien haut que la France religieuse et monarchique n'entend pas se livrer à la révolution, même modérée.

Par cette démonstration, nous sommes convaincus de rendre à Monsieur le Comte de Paris un notable service. Les traditions de sa famille, le milieu où il a vécu doivent le porter vers les libéraux, et si ces derniers parlaient seuls, le prince croirait facilement que seuls ils comptent. La constitution d'un parti vraiment conservateur ou, si l'on veut, la reconstitutiou sur des bases plus larges du parti catholique, lui fera comprendre qu'il y a encore une France monarchique et chrétienne, et que cette France veut un roi chrétien.

Nous lui souhaitons d'être ce roi-là.

M. de Lansade ajoute dans le même journal :

« Vous me posez la question souvent répétée : *Où allons-nous* ? Cela dépend absolument du nouveau roi, pour lui donner le titre que nous ne songeons pas à lui contester. S'il est royaliste, c'est-à-dire s'il suit la politique de ses ancêtres *royaux*, s'il est le roi très chrétien, s'il veut régner et gouverner avec les libertés royales, les vieilles libertés appropriées au temps, mais défendues contre les escamotages de la « civilisation moderne », alors nous irons à la contre-révolution sous sa conduite.

« Mais si, au lieu d'oublier certaines erreurs auxquelles on a tant sacrifié depuis plus d'un demi-siècle, s'il s'obstine et s'attarde aux passions et aux idées de princes non sincèrement convertis à la royauté et non illuminés par elle, en ce cas, nous allons à la révolution avec ou sans lui, qu'il règne ou ne règne pas. S'il règne, il croira tenir la révolution en arrêt ; mais elle saura bien se soustraire à son échec et se retourner contre lui. S'il ne règne pas, il ne fera pas à la révolution le même obstacle que lui fit Henri V dans son exil.

« Tout donc dépend de lui. Le moment est solennel, décisif pour lui et pour sa race, probablement aussi pour nous, pour l'avenir de la France. Prions, afin que les prières qui n'ont pas eu d'effet pour la santé et la guérison physique du feu roi, servent et deviennent efficaces pour la direction politique du successeur à ses droits héréditaires, comme aussi à ses devoirs. »

M. Paul de Cassagnac écrit le vigoureux article qui suit :

. . . .

« Il y a en France, un immense parti, le plus considérable de tous, le plus vaillant et le plus honnête à notre idée, qui battera des mains au premier homme, prince ou vilain, qui abordera la prétention fière de nous arracher aux détrousseurs publics qui nous détiennent.

Eh bien ! la royauté de M. le Comte de Paris est tout simplement en train de se couler et de déchoir de son rang de candidat à la délivrance du pays.

Elle n'a pas parlé, elle n'a rien dit.

On ne sait rien d'elle.

Quels sont ses plans ? Quels sont ses principes ?

Restons-nous dans l'ornière constitutionnelle parlementaire ? ou bien nous orientons-nous vers l'autorité implacable, farouche, qui seule peut relever la France ?

En un mot, la royauté actuelle est-elle la suite du 16 *Mai* ou l'émule de *Décembre !*

Voilà ce que tout le monde se dit, se demande, et voilà ce qu'aucun organe royaliste n'ose dire à M. le Comte de Paris.

Encore un peu de temps et s'il demeure dans cette attitude vague et incertaine, M. le Comte de Paris est perdu.

ET CE SERA UN GRAND MALHEUR pour notre pauvre pays, qui n'a pas trop de deux solutions, pour en choisir une.

Et nous l'avons dit dès le premier moment, M. LE COMTE DE PARIS NE RÈGNERA JAMAIS, SI D'ORLÉANS IL NE SE FAIT BOURBON, s'il ne rejette toutes les loques libérales, pour s'envelopper dans le manteau de l'autorité.

Il y a des sacrifices à faire ; il y a des répudiations qui répugnent, des renoncements qui coûtent.

Mais c'est à prendre ou à laisser.

ON VEUT RÉGNER OU ON NE LE VEUT PAS.

Et nous croyons que c'est notre devoir à nous impérialistes, c'est vrai, MAIS MONARCHISTES AVANT TOUT, de dire tout haut les vérités que les amis osent à peine murmurer tout bas et de faire entendre aux princes, quels qu'ils soient, la voix brutale d'un Français qui n'admet pas, décidé qu'il est à tout faire pour sauver

son pays, que d'autres surtout des princes, ne comprennent pas et ne fassent pas ce qui s'impose si clairement à leur bon sens et à leur courage. »

M. de Roux-Larcy, écrit dans la *Fraternelle*, d'Alais :

« Le *Français,* qui passe pour l'organe des anciens amis des princes, nous invite à la confiance et nous demande d'être patients.

La confiance, nous l'avons, pleine et entière.

Mais la patience peut-elle se commander ? A l'intérieur comme à l'extérieur, la situation devient de plus en plus intolérable, les intérêts sont en souffrance, la lutte est inévitable ; elle est prochaine, tout le monde le sent, tout le monde le dit, il faut donc s'y préparer, il faut s'organiser.

Voilà ce que répète sur tous les tons la *Gazette de France.*

On reproche à la *Gazette* d'être quelquefois trop pressante. On oublie que ce langage a toujours été le sien, du vivant de Monsieur le Comte de Chambord aussi bien qu'après sa mort. Pourquoi ceux qui l'approuvaient alors le désapprouvraient-ils aujourd'hui. Le danger a-t-il diminué, ne va-t-il pas, au contraire, grandissant d'heure en heure ?

Nous n'avons pas mission de donner des conseils ; mais notre devoir est de traduire fidèlement la pensée de ceux qui nous entourent. Le langage de la *Gazette,* il faut le dire, est celui que tiennent le plus grand nombre de nos amis; nous le résumons en un mot: on attend.

E. DE ROUX-LARCY.

On attend ! C'est ce que l'on nous écrit de tous les points de la France, ajoute le *Clairon.*

Vingt autres journaux parlent de même ; ce sont :

la *Vraie-France* de Lille, l'*Espérance du peuple* de Nantes, l'*Impartial* du Finistère, la *Décentralisation,* le *Ralliement* de Montauban, le *Causeur Normand,* l'*Océan* de Brest, l'*Union de Bretagne*, l'*Anjou,* l'*Espérance* de Perpignan, les *Semaines Religieuses* de *Cambrai* et de *Rodez* qui déclarent que leur programme sera celui de M. le Comte de Chambord.

D'autres conjurent M. le Comte de Paris de s'expliquer; tels sont le *Journal de Paris*, la *Gazette* de *France*, le *Patriote* de Normandie, la *Gazette du centre* de Limoges ; cette dernière dit : « une chose importe entre toutes, c'est une parole chrétienne. La France a besoin de cette parole; elle y a droit, elle la demande. »

L'*Impartial* du Finistère, dit (13 septembre)

« Plusieurs de nos amis, préoccupés du bruit qui s'est répandu de la disparition possible de l'*Impartial du Finistère*, nous demandent quel crédit il convient d'accorder à cette nouvelle.

Nous eussions préféré attendre pour répondre que l'héritier légitime d'Henri V, Mgr le comte de Paris, que nous reconnaissons avoir seul droit à la couronne de France, eût pris la parole pour exposer le programme qu'il se propose de suivre; mais, mis en quelque sorte en demeure de nous prononcer dès aujourd'hui, nous ne ferons pas difficulté de déclarer nos intentions.

Les personnes ne sont rien, les principes sont tout; les hommes passent, les principes restent : or lorsque le 14 juillet 1871, l'*Impartial* se rallia à la cause de la monarchie légitime, ce ne fut pas au service de la personne de Mgr le comte de Chambord seulement qu'il mit son dévouement, mais aussi et surtout pour le triomphe de son programme royal, qui est celui de la contre-Révolution, se résumant ainsi pour nous :

Il faut que Dieu rentre en maître en France pour que j'y puisse régner en roi.

Si donc Mgr le Comte de Paris accepte en son entier le programme de son prédécesseur, nous lui resterons absolument dévoué et nous le seconderons de tout notre pouvoir jusqu'au dernier soupir.

Que si, par des motifs qu'il ne nous appartient pas de juger, Mgr le Comte de Paris croyait devoir faire subir des modifications « essentielles » à ce programme, il ne nous resterait qu'à sortir de l'arène, laissant à d'autres la charge de soutenir dans la presse une cause que nous nous sentirions dès lors impropre à défendre utilement »

Enfin, On lit dans la *Vraie France*; de Lille.

« Sommes-nous seuls ? » se demandait récemment l'*Univers* dans sa polémique avec le *Figaro*, et le journal catholique répondait avec une légitime fierté : « Non, nous ne sommes pas seuls à revendiquer une politique chrétienne. » Pour appuyer son affirmation, l'*Univers* citait plusieurs journaux, et entre autres la *Vraie France*.

En effet, dès le premier moment et sans attendre un mouvement d'opinion qui depuis s'accentue, nous avons promis sur le cercueil de notre roi « de veiller avec un soin pieux sur le dépôt des traditions politiques dont Henri V a été le gardien. »

Depuis un mois, nous tenons fidèlement notre parole. Rien n'a pu nous faire dévier de la ligne que M. Auguste Scalbert nous a tracée d'une main si ferme; et nous avons la joie, il faut le dire, de nous sentir d'accord avec ceux qui furent toujours nos amis sincères et qui nous ont multiplié, au milieu de notre deuil, les encouragements et les bons conseils.

Il est bien à craindre que la France ne soit encore pour longtemps aux prises avec la Révolution antichrétienne. C'est avec anxiété que nous attendons une parole qui engage M. le Comte de Paris à l'égard de ce grand parti catholique et royaliste, groupé sous la noble bannière de Henri V. L'adhésion tapageuse de ceux qui naguère ne voulaient pas du roi n'est point pour rassurer. Elle nous ferait plutôt redouter, pourquoi ne pas le dire ? que l'avenir ne fût compromis par des transactions, par des capitulations, par ce funeste régime libéral dont le magnanime héritier des Bourbons ne voulait à aucun prix.

La ligue des hommes de foi et de principes est seule capable de tenir en échec l'athéisme officiel, de vaincre l'irréligion d'Etat, d'obliger les pouvoirs publics à conformer leur action aux lois de l'Evangile, aux doctrines de Celui en qui seul est le salut des peuples.

Comme la France n'a pas le temps d'attendre, comme le devoir imposé par Dieu ne nous permet aucun délai, nous poursuivons, *Christo regnante.* ainsi que disaient nos pères, notre lutte quotidienne contre la propagande révolutionnaire et les manœuvres impies de la République.

Puissions-nous mettre en mouvement toutes les forces catholiques pour rendre à Dieu son empire sur les âmes et sur les institutions ! *Il faut que Dieu rentre en maître.* »

L'obstination que met M. le comte de Paris à cacher ses idées et ses doctrines politiques peut être une tactique fort habile et fort commode en ce qui le concerne, mais ce demi-jour a pour effet de mettre dans un grand embarras les royalistes ralliés. Nous en avons la preuve dans ce qui vient de se passer au Conseil municipal de la Seine.

Dans la séance du 12 décembre présidée par M. Forest, le citoyen Lamouroux déposa un vœu tendant à la démolition de la chapelle expiatoire. Parmi les

« considérants » qui précèdent ce vœu, on lit celui-ci :

« Considérant que le roi Louis XVI a été déclaré
« coupable de trahison contre la nation et d'attentats
contre la sûreté de l'Etat » à l'unanimité des voix,
aussi bien par les membres de la droite, les Boissy-
d'Anglas, les Lanjuinais, les Doulcet de Pontécoulant,
sans compter le duc d'Orléans, que par les membres
de la montagne !...

M. Gamard. — un royaliste — prenant la parole,
dit : «

Il est incontestable pour tout le monde que l'on ne
vous propose pas autre chose que de ratifier la condamnation prononcée par la convention contre le roi
Louis XVI ; je vous supplie de réfléchir aux conséquences d'un vote dont vos descendants pourraient vous
demander compte. (Protestations.)

Rappelez-vous ce qui s'est passé après la mort de
Louis XVI, rappelez-vous les remords qui ont poursuivi
les auteurs de la condamnation.

Plusieurs voix. — Oh ! oh ?

M. Gamard. — Eh ! ne savez-vous pas, messieurs,
quelle situation a été faite à leurs enfants par l'opinion
publique de France ?...

Je comprends parfaitement les motifs qui ont guidé
M. Lamouroux dans sa proposition, il prévoit ce qui
peut arriver sous peu et il veut creuser le fossé entre
la royauté et la ville. (Exclamations nombreuses.)

M. Robinet. — L'abîme !

M. Joffrin. — C'est de l'histoire ancienne ! Il y a
longtemps que le fossé est comblé !...

M. Gamard. — Vous voulez creuser le fossé, vous
dis-je, parce que vous voyez que les regards se tournent vers les princes. (Exclamations nombreuses.)

M. Michelin. — Les descendants des régicides !

M. Gamard ne peut répondre que par le silence à

la logique révolutionnaire. Le citoyen Delabrousse prenant alors la parole, fait l'apologie du crime du 21 janvier et termine par ces paroles. « Au lendemain des trois glorieuses, M. Thiers eut l'idée de mettre les chefs du parti républicain en rapport avec le duc d'Orléans qui allait devenir Louis Philippe. Bastide en était et aussi Godefroy Cavaignac. Le duc, montrant du doigt deux tableaux représentant les batailles de Valmy et de Jemmapes, parla de la Convention. « Mon père en était, s'écria Cavaignac. » « Le mien aussi, repartit le duc d'Orléans, et je n'ai jamais connu d'homme plus respectable. »

Savez-vous ce que M. Gamard vient de faire ici ? lui qui, je crois, est partisan de la royauté de 1830, il a flétri cet homme si respectable qui vota la mort de Louis XVI ; il a désavoué du même coup Égalité et Louis-Philippe. Les orléanistes tournent le dos à 1830. Quant à nous, « républicains, » nous restons fidèles à la révolution, et nous saluons avec respect cette immortelle assemblée qui a vaincu l'étranger et sauvé la France.

M. Gamard. — Je ne suis pas un défenseur de la monarchie de 1830, attendu que j'ai toujours été légitimiste. Et je me trouve orléaniste aujourd'hui, puisque M. le Comte de Paris se trouve aujourd'hui légitime héritier de M. le Comte de Chambord. »

La réponse de M. Gamard est loin d'être concluante et dénote au moins un certain embarras. Voilà où les royalistes ralliés en sont réduits ! L'alternative pour eux est cruelle. Quand leurs adversaires leur jettent à la face les crimes de nos révolutions, crimes dans lesquels les d'Orléans ont joué un rôle prépondérant, il ne leur reste qu'à courber la tête comme des complices, car, enfin, ils ne peuvent se faire les apologistes de ces attentats, et ils ne peuvent pas non plus les flétrir sans craindre de désobliger fortement celui qui, peut-être, se vante aussi d'avoir eu, à la Convention, *un aïeul respectable* (1). Cette situation est dure pour des hommes qui, jusqu'à ce jour, n'étaient pas accoutumés à rougir des actes de leur prince et de leur parti. Nous les plaignons de tout notre cœur.

Prier M. le Comte de Paris de vouloir bien s'expliquer sur un point si intéressant et si important, parait aux figaristes, aux parlementaires, aux amis de l'équivoque et du demi-jour le comble de l'inconvenance. Ni engagement, ni programme, l'adhésion sans phrase ! disent-ils avec dépit et colère... A cela, le Père Ramière répond très justement dans le *Messager du Sacré-Cœur*.

« Lorsque, les hommes de foi, en France, se montrent soucieux de savoir dans quelle mesure l'héritier du Comte de Chambord accepte l'héritage de ses principes, on s'indigne et on leur impose silence comme à des indiscrets qui formulent des questions inopportunes, comme à des brouillons qui cherchent à faire renaître des discordes heureusement assoupies.

« Ce n'est pas de principes qu'il s'agit en ce moment, disent ces profonds politiques; il faut avant tout s'unir pour arracher la France à la République; c'est là le point capital; une fois ce point réglé, on tâchera de régler l'*accessoire*. »

L'accessoire, grand Dieu ! Que la société soit replacée sur sa base unique, essentielle, indispensable, c'est l'accessoire ! Non : l'important n'est pas d'arracher la France à la République, c'est de l'arracher à la Révolution. Si la République fait tant de mal à la

---

(1) Le portrait en pied de Philippe Égalité le régicide se trouve, dit-on, *en place d'honneur* dans le salon d'honneur du château d'Eu. Les royalistes ralliés peuvent se donner la satisfaction de l'y contempler à leur aise.

France, c'est surtout parce qu'elle est révolutionnaire. Redisons-le pour la centième fois, puisqu'on s'obstine à ne pas le comprendre : ce qui nous tue, c'est l'absence du principe qui fait la force de tout gouvernement, du principe d'autorité. Et ce principe manque, parce que la société ne reconnait plus au-dessus d'elle le seul pouvoir qui ait le droit de commander aux hommes, le pouvoir divin. Tant que la société n'aura pas reconnu ce pouvoir, les passions qui s'agitent continuellement dans son sein ne supporteront aucune forme de gouvernement ; la monarchie révolutionnaire, l'empire révolutionnaire, tous ces gouvernements, fondés sur le principe même de l'anarchie, se renverseront l'un l'autre ; et, à défaut d'ennemis, ils tomberont de leur propre poids. Pour guérir ce grand malade que le virus révolutionnaire réduit à l'agonie, il n'y a qu'un remède, le principe anti-révolutionnaire de l'autorité chrétienne. Les changements de formes politiques ne sont que de vains palliatifs, propres tout au plus a enrayer un instant la marche du mal, mais absolument incapables d'empêcher le retour des crises.

Cette vérité est si évidemment déduite de la nature des choses, elle est si manifestement démontrée par l'expérience, qu'on est stupéfait en voyant des hommes de bon sens, des chrétiens, s'obstiner à ne pas la comprendre et pousser l'aveuglement jusqu'à nous en interdire l'affirmation. Nous voyons la France agoniser ; nous savons que pour guérir son mal, il n'y a qu'un remède ; et on nous accuse d'indiscrétion lorsque nous conjurons le prince que la Providence semble appeler à sauver la France d'employer cet unique remède ! Non seulement il n'y a là aucune indiscrétion, mais c'est pour tous les catholiques français un devoir rigoureux d'user de tout ce qu'ils ont d'influence pour obtenir de ceux dont nous attendons le salut, qu'ils ne ramènent point la France dans des voies qui la conduiraient infailliblement à sa perte. »

Ce qui est remarquable, c'est que les plus indignés parmi les aboyeurs qui voudraient imposer silence aux catholiques et pratiquer à leur égard le : *compelle intrare*, sans conditions, ni garanties, sont précisément ces mêmes politiciens outrecuidants qui prétendaient, il y a dix ans, imposer au roi leur programme, leurs plans, leurs mesquines et insolentes conditions. L'*Univers* leur adresse une réponse qui les cingle vertement.

« Les accusations qui s'élèvent du sein de certaines feuilles contre l'attitude de l'*Univers* ne seraient que ridicules si ces feuilles avaient un passé immaculé; mais que sont-elles venant de gens qui autrefois prétendaient imposer au roi des conditions et des compromis. Il suffit de jeter un coup d'œil sur les organes du centre droit en 1873 pour voir à quel point les personnages marquants de ce parti furent à ce moment les adversaires de la royauté légitime et traditionnelle et combien leur colère jouée est peu justifiée.

Le *Français*, journal de M. le duc de Broglie et du centre droit, écrivait le 27 octobre 1873 que le Comte de Chambord devra accepter un pacte nettement défini pour rentrer comme roi, et que ce pacte sera la confirmation même des principes de 89; l'initiative royale ne devant être rien de plus que le droit d'initiative reconnu aux députés. »

Voilà ce que les Lavedan de l'époque exigeaient du roi! Il est bon, aujourd'hui que ces messieurs se drapent si fièrement dans leur royalisme de circonstance, de le leur rappeler. A la même époque, Mgr Dupanloup, écrivant à M. de Pressensé, député protestant et républicain, lui promettait que la royauté dont on préparait la restauration serait basée sur les immortels principes de 89, et il ajoutait : « Je désire la monarchie, et cependant je n'engage pas absolument mon vote. »

Cependant, on n'ignorait pas ce qu'était Monsieur le Comte de Chambord, on connaissait ses royales intentions, son magistral et lumineux programme ! Comment peut-on aujourd'hui reprocher à l'*Univers* et aux royalistes catholiques, non pas leur opposition, mais leur attitude expectante ? (1).

L'*Univers*, achevant de pulvériser les sophismes de ses adversaires, ajoute plus loin : « Le fort de l'argumentation de notre contradicteur consiste à dire que les rois de France n'ayant pas toujours continué la politique de leurs prédécesseurs, on ne doit ni demander à M. le Comte de Paris d'adopter les principes de M. le Comte de Chambord, ni même le prier de dire ce qu'il en pense.

Il prétend appuyer sa thèse sur l'histoire et cite, Charles V, « dont la politique n'était pas celle du roi Jean II », Louis XI « en révolte permanente contre Charles VII », Henri IV, qui n'était pas de l'avis « du dernier des Valois », etc. Que viennent faire là ces prétendus exemples ? en quoi peuvent-ils s'appliquer à la situation actuelle ? C'est niais.

L'histoire, loin d'appuyer cette thèse incongrue, lui donne un démenti. Tout prétendant au pouvoir dans les temps troublés, tout prince dépossédé revendiquant le trône, loin de se taire, a toujours fait connaître ses intentions. Jamais il n'a été plus nécessaire qu'aujourd'hui de parler.

Garder le silence, telle est donc la consigne que ces

_____

(1) Quis tulerit Gracchos de seditione querentes ?

grands partisans du droit de tout dire, ces gens de tribune et de presse, veulent imposer.

Ils n'y réussiront pas. Ils ont beau crier que les dissidents ne sont qu'une « pincée » ; ils ne les empêcheront ni de grandir en nombre, ni de montrer au Comte de Paris que, s'il se laisse absorber par les parlementaires et continue de subir le contact du figarisme, il se privera des concours dont il a le plus besoin. Ce serait, pour le prince, une erreur de ne point parler, et une faute capitale de laisser croire à la France que les *intrigants* flétris par le Comte de Chambord ont le droit de compter sur lui. Il ne suffit pas qu'il méprise ces derniers, comme l'assurent ses amis ; il est à désirer qu'il les écarte ouvertement.

« Notre adversaire essaye de prouver en invoquant l'histoire que Monsieur le Comte de Paris, au lieu de donner à la France les explications qu'elle attend, doit se taire. — Si pour reconnaître un roi, il fallait, dit-il, qu'il eût parlé, on n'eût donc reconnu ni « Philippe-Auguste, incapable à quinze ans de fournir des explications sérieuses et catégoriques, » ni Charles VIII, couronné à treize ans, ni celui-ci, ni celui-là, ni Louis XIII, ni Louis XIV, ni même saint Louis, tous mineurs lors de leur avénement au trône.

Tels sont les arguments : Faisons remarquer : 1° qu'il ne s'agit pas de *reconnaître* le droit du Comte de Paris : c'est fait (1), 2° que ce prince, ayant quarante-cinq ans, ne peut être comparé, sans un manque de tact frisant l'extrême sottise, à un enfant « incapable de fournir des explications ; » 3° que le principe de la monarchie chrétienne n'était pas en cause aux époques qu'il rappelle. Ces enfants royaux héritaient à la fois du trône et d'un régime. Ils ne représentaient

---

(1) De notre côté, nous faisons nos réserves sur ce point.

nullement par leurs traditions de famille, leurs amis
politiques et par eux-mêmes des idées qu'avait con-
damnées celui auquel ils succédaient. Quel maladroit
serviteur que M. X...! et quel pavé que son appel à
l'histoire! S'il continue, monsieur le Comte de Paris,
esprit réfléchi et homme de bon sens, le cassera aux
gages. »

En effet, et c'est en cela que l'argumentation des
partisans du silence obligatoire pêche par sa base :
M. le Comte de Paris n'est pas *un prince comme un
autre;* il n'est pas « l'enfant royal héritant à la fois
d'un trône et d'un régime. » Il appartient à une
famille tristement célèbre dans nos annales (1). Ah!
sans doute, nous ne voulons pas nous complaire à
ressusciter ici un passé disparu... Nous ne voulons
pas évoquer le spectre sanglant que Charette vit se
dresser entre le cadavre de son roi et le descendant
de Philippe Égalité; nous ne cherchons pas à remettre
en lumière ce blason d'où les royales fleurs de lis ont
été arrachées et qui porte deux dates inoubliables
1793-1830... du sang et de la boue; nous ne feuille-
terons pas cette histoire dont chaque page raconte un
parjure... Mais il faut bien cependant regarder en face
ce prince qui se dit l'héritier de notre roi! Qui est-il?
D'où vient-il? Que veut-il?

Exclu par sa naissance de l'hérédité monarchique
que ses ancêtres ont reniée, violée, anéantie autant
qu'il était en eux, exclu par la double forfaiture
de son bisaïeul et de son aïeul, exclu par la loi qui
frappe de déchéance les descendants des princes du

---

(1) Voir à l'appendice le portrait des princes d'Orléans, par
Louis Veuillot et les *paroles mémorables* des princes de la maison
d'Orléans.

sang criminels de lèse-majesté (1), il erra pendant trente ans de sa vie dans les sentiers tortueux de la révolution. Un beau jour, il s'avisa que la monarchie allait être restaurée sans lui et, la prudence lui faisant une loi de ménager l'avenir, il alla trouver l'auguste exilé de Frohsdorf et daigna lui promettre de ne plus conspirer. Pendant dix ans, on ne le revit plus... Quand il revint, ce fut pour constater l'agonie et le décès de celui dont il attendait la fin, puis il s'en retourna à ses chasses et à ses plaisirs. Certes! ils sont de bonne composition les royalistes qui se contentent aujourd'hui d'un silence prudent! Ils jurent fidélité, dévouement... Savent-ils seulement à quoi ils s'engagent? et quand il plaira au Prince de parler, quand il lui plaira d'appeler ses fidèles à sa suite, savent-ils seulement quel sera le mot de ralliement? Sera-ce le vaillant cri de guerre du grand Henri, montrant son blanc panache dans les plaines d'Arques et d'Ivry, ou ne sera-ce qu'un couplet de la marseillaise, derrière un plumet tricolore, dans le petit chemin de la Bas-

---

(1) M. Guyot de Pitaval, avocat au parlement de Paris, dit dans son *Traité du crime de lèse-majesté* :

« Le crime de lèse-majesté comprend plusieurs chefs. Le premier est la conspiration on conjuration contre la personne du Prince pour le faire mourir, soit par force ou violence, soit autrement. — Quand il s'agit du crime de lèse-majesté, bien que les enfants du coupable de ce crime soient innocents, il ne laisse pas de retomber sur eux, et ils sont privés de sa succession, quoi qu'elle leur appartienne par le droit de la nature. — Le crime de lèse-majesté est tel, qu'il produit dans un Prince du sang une *indignité* qui le rend incapable de succéder à la couronne, suivant un arrêt de la Cour des Pairs de France, en l'an 1457, contre Jean second, duc d'Alençon, en la présence du roi Charles VII. » V. *Causes célèbres et intéressantes,* etc., recueillies par M. Guyot de Pitaval, avocat au parlement de Paris, T. XII, p. 133, 150, 164. La Haye, Jean Néaulme, M D CC XXX IX.

tille à la place de la Révolution? O conflants royalistes, j'admire votre imperturbable naïveté, mais Dieu nous préserve de l'imiter!

Les royalistes doivent se garder avec soin d'être dupes ou complices. Or, il est de toute évidence que se ranger autour de Monsieur le Comte de Paris, c'est, ainsi que le fait remarquer M. du Bourg, « livrer la France à des tendances politiques qui ne peuvent nous inspirer que des appréhensions. »

« Le passé de quatre générations pèse lourdement sur la confiance que l'on peut mettre en ce prince... car on n'a pas le droit d'oublier quelles influences présidèrent à l'éducation du chef de la maison d'Or-léans, influences qui sont devenues les amitiés de l'âge mûr. On en retrouve la trace indiscutable dans ses écrits. Se figurer que ce prince rompra avec ce qui fut toujours lui et ses amis, c'est vouloir se faire illusion; c'est nier le passé avec les relations et les liens qu'il impose; c'est nier le présent, qui trouve Monsieur le Comte de Paris, entouré d'éléments divers qu'il ne peut tous conserver qu'en les opposant les uns aux autres, et en se livrant à une politique d'équi-libre parlementaire. Et l'heure n'est plus aux émousse-ments moraux du parlementarisme » (1)

C'est ainsi que nous voyons auprès de Monsieur le Comte de Paris, comme conseiller intime et inspi-rateur de sa politique, M. Bocher, cet homme qui, en 1875, faisait, du haut de la tribune, l'apologie de la révolution de 1830, et proclamait que cette révolution était « honnête; qu'elle n'avait violé aucun droit, méconnu aucune loi. » (1) Les noms les plus néfastes des chefs du centre droit qui, en 1873, ont combattu

_____

(1) Le droit monarchique en 1883, p, 40 et 41.
(1) Réponse à M. Jules Favre.

la restauration monarchique se retrouvent dans l'entourage du prince ; et, à la suite de cet état-major, les royalistes *ralliés* sont tout surpris de coudoyer cette bourgeoisie voltairienne, égoïste, aveugle, affamée de jouissances matérielles que la France connait si bien et qui, devenue *légitimiste* n'attend que l'heure et l'occasion de faire monter sur le trône le petit-fils du roi de juillet. Le socialisme athée qu'il s'agit de combattre n'a rien à craindre de pareils adversaires. Ce n'est pas de là que sortira le salut. Il nous faut autre chose qu'une cohue révolutionnaire ayant à sa tête un roi de la révolution.

Mais enfin, dira-t-on, où voulez-vous en venir? Vous vous efforcez de démontrer que M. le Comte de Paris n'est pas l'héritier salique de M. le Comte de Chambord, vous soutenez que les renonciations d'Utrecht ne sont pas recevables en faveur du petit-fils de Louis-Philippe ; vous semblez même l'exclure de l'hérédité monarchique, pour cause d'indignité. Qui donc alors sera l'héritier? Qui nous délivrera de la république et sauvera la France?

Nous pourrions répondre que les journaux orléanistes eux-mêmes et notamment le *Figaro* se chargeant d'exclure péremptoirement M. le Comte de Paris en affirmant qu'il sera « le roi légitime de la révolution et *qu'il ne peut pas être autre chose,* » mais nous préférons déclarer que, si la vérité historique nous force à détruire les bases sur lesquelles le prince prétend appuyer ses droits, nous ne faisons pas difficulté cependant de reconnaître, avec M. le Comte de Maumigny que M. le Comte de Paris est « un prétendant très appuyé, qu'il peut être un roi nécessaire et devenir un roi légitime, bien que « rien n'annonce qu'il veuille restaurer la monarchie traditionnelle, la monarchie très chrétienne. »

Quoi qu'il en soit, rien n'explique mieux notre pensée et l'attitude que nous croyons devoir prendre, et conseiller à l'égard de M. le Comte de Paris, que l'article suivant du *Bien public*, reproduit par la *Vraie France* (7 septembre), article magistral par lequel nous terminons notre travail :

« Où pouvons-nous tourner les yeux en ce moment? Où trouver, au milieu de la situation troublée de l'Église, le sauveur désigné par Dieu pour la venger des insultes que de malheureux apostats lui font subir?

Rien n'émerge au-dessus de la platitude universelle; et ce Roi exilé et sans couronne — qui dépassait de toute la tête ceux qui se croient des Rois triomphants et couronnés — n'a laissé derrière lui personne qui semble pouvoir reprendre dans ses mains viriles la tâche catholique qu'il s'était assignée.

Sans doute, la royauté française a trouvé un successeur à Henri V et l'on dit que c'est Mgr Philippe d'Orléans. Mais la royauté chrétienne n'a pas trouvé jusqu'ici un représentant.

Or, si la monarchie est un principe naturel de sécurité et de liberté pour les peuples, elle ne peut cependant leur promettre ces dons qu'à la condition d'être consacrée par le baptême et de servir Jésus-Christ.

Un roi peut aimer son peuple, et durant un certain temps, le garder des communards. Un Roi chrétien seul peut sauvegarder l'avenir et assurer le bonheur de ses sujets, en les préservant de l'influence des mauvaises doctrines et en leur donnant l'exemple d'une vie vouée à Dieu. Lui seul a suffisamment de lumières pour voir ce qu'il doit éviter et assez de prudente énergie pour accomplir ce qu'il doit faire. Ni le tact ni le courage ne lui manquent; et il les possède

8

à un degré supérieur, auquel nul autre roi ne saurait
prétendre.

Néanmoins il semble que la mort de ce vrai Roi ait
donné un courage nouveau aux légitimistes de France.
On dit que la France n'était pas à la hauteur d'Henri V,
qu'elle le calomniait faute de le comprendre; et que,
le calomniant, elle ne voulait pas le recevoir. Le Roi
d'aujourd'hui, celui que le droit héréditaire corrigé par
le droit international désigne, n'est pas l'objet des
mêmes animosités parce que la France le sent plus
près d'elle. Et il y a des gens qui se félicitent de ce
que le sceptre de France soit descendu d'un degré et
se rapproche plus des vertus moyennes du peuple.

Or, c'est tout juste ce qui nous effraie. Un Roi doit
relever son peuple. Il est père c'est à dire éducateur.
Il doit être supérieur à ceux qu'il guide, le savoir et
s'en souvenir. Si l'on veut que le Roi vaille seulement
ses sujets, à quoi bon avoir un Roi? Il descendra avec
eux et, pour se mettre à leur niveau, il reniera nous
ne disons pas son caractère de chrétien, mais les
promesses et les obligations de son baptême.

Il ne faut pas se le dissimuler, la Foi baisse en
France; et cela, non parce que le Pouvoir est persé-
cuteur, mais parce que la France oublie sa vocation,
qui est d'être le bras droit de l'Église, sa protectrice et
sa missionnaire dans le monde.

La Providence se souvient du passé. Elle feuillette
ce grand livre de l'histoire, où elle écrit les grandes
œuvres qu'Elle a faites par la France. *Gesta Dei per
Francos*. Et, jetant un regard sur ce peuple qui oublie
les meilleures traditions et les conditions essentielles
de son histoire, elle peut se demander : A quoi me
sert aujourd'hui ce peuple?

Il importait à la France de répondre à cette question; et à son chef légitime de prendre la parole au

nom de son peuple et de dire à Dieu : *Adsum Domine*.
Ce jour-là on pourrait croire que le salut approche.

Qu'importent, auprès de cette question vitale, les
questions de préséance et que pèsent, auprès de ce
devoir, les susceptilités d'étiquette ! La vraie préséance
pour un Roi est d'être le premier par la Foi, par
l'amour de l'Église. La grande étiquette est de porter
haut et ferme le drapeau chrétien.

Quand le Comte de Paris, qui est un fort honnête
homme, voudra être un grand chrétien, la monarchie
ne sera pas seulement « faisable » en France, comme
dit le *Soleil*; elle sera faite.

Philippe d'Orléans a, sous ce rapport, une magnifique position. Il n'a pas contre lui et ne pourra jamais
susciter, les sots préjugés que la bourgeoisie française
nourrissait contre le Comte de Chambord. Il aura, quoi
qu'il fasse, l'appui de cette fraction du peuple qui,
incapable de pousser quelqu'un au trône, est cependant puissante pour empêcher qui elle veut d'y
monter.

S'il se montre énergique et s'il se pose franchement
en adversaire de la république, décidé à en finir coûte
que coûte avec elle, il attirera à lui les éléments les
plus actifs de cette réaction monarchique, qui profite
de tous les dégoûts que la République Française inspire
et dont la vitalité grandit tous les jours.

Si, enfin, il se montre chrétien ; si, ayant recueilli
les droits, il sait aussi reprendre les devoirs de l'héritage du Comte de Chambord, il pourra compter sur le
dévouement aveugle de cette puissante fraction
catholique de la légitimité qui ne demande qu'à se
donner et qui a derrière elle tout ce que la France
possède de meilleur et de plus vertueux.

Richesse, énergie, dévouement et vertu, rien ne
manquera à Philippe pourvu qu'il le veuille.

C'est l'exil, il est vrai; mais avec le retour à brève
échéance.

L'autre manière, ce sont les facilités de la vie parisienne, avec une tranquillité honteuse et sans lendemain.

Entre les deux, un d'Orléans redevenu Bourbon ne
peut hésiter.

C'est ce que le comte de Paris comprendra, s'il envisage la situation d'un œil chrétien; plus soucieux de
relever la patrie en y faisant revivre la Foi, que d'y
rétablir un parlementarisme rachitique auquel des
dilettanti politiques sont seuls à tenir.

Si, par malheur, il envisage la question par les
petits côtés et s'égare à contempler la France à travers les brouillards de la sagesse moderne et de la
prudence humaine, il ne saurait être pour son peuple
ni un roi bien-aimé, ni même un prétendant sérieux.
Encore moins pourrait-il aspirer à devenir un sauveur.

En réalité, Philippe de Bourbon-Orléans tient, à
l'heure actuelle, entre ses mains, l'avenir de la France,
et, croyons-nous, les destinées de l'Europe.

Celles-ci et celui-là seront ce qu'il voudra qu'ils
soient.

A la position qu'il va prendre, l'on saura peut-
être ce que Dieu veut faire de la France : s'il la veut
sauver ou s'il a décidé de la laisser périr. Car, comme
le disait le Comte de Chambord en 1873 : « Lorsque
Dieu a résolu de sauver un peuple, il veille à ce que
le sceptre de la justice ne soit remis qu'en des mains
assez fermes pour le porter. »

Les principes catholiques raffermiront-ils les mains
qui tiennent le sceptre de France? ou les principes
révolutionnaires viendront-ils les débiliter?

C'est ce qu'un avenir prochain nous dira ; et c'est
l'évènement que, dans toute l'Europe, les cœurs
catholiques attendent avec anxiété.

Dans le premier cas, la France et l'Europe peuvent revivre.

Dans le second cas, il faut craindre que, compromettant pour longtemps la paix religieuse de l'Europe, le Comte de Paris et le parti royaliste, n'aient mené à Frohsdorf et Goritz, dans une dernière et splendide manifestation, le deuil de la monarchie française et peut-être de la France. »

Mais notre âme catholique et française se révolte contre une pareille pensée. Non! la France ne périra pas ; non, la monarchie française n'est pas morte! La Providence nous donnera un sauveur. (1) Ce sauveur inconnu nous le pressentons, nous l'acclamons par avance et, avec le poëte, nous lui disons :

> O toi, de quelque nom que l'Histoire te nomme,
> Qui que tu sois, pourvu qu'en toi se montre un homme,
> Viens!... le pays t'appelle et l'heure va sonner ;
> Assez longtemps l'opprobre a jauni sur nos plaines...
> Viens, les épis sont longs, les gerbes seront pleines,
>   Voici le jour de moissonner...
>
> . . . .
>
> Les temps, nous le savons, sont durs à l'Espérance.
> De trépas en trépas, l'ange de délivrance
> Fuit parmi les tombeaux, comme un follet tremblant...
> Et, le grand mort d'hier, couché dans son armure,
> A pour bercer sa nuit l'onde au plaintif murmure,
>   Et pour linceul le drapeau blanc ;
>
> . . . .
>
> Courage et foi, pourtant ; point de tristesse vaine!
> Le sang des aïeux coule encore dans mainte veine...
> Mais, si, par un malheur, les flots en sont taris,
> Eh bien! que du sol franc un inconnu se lève,

(1) Dieu y pourvoira! « *In manu Dei potestas terræ, et utilem rectorem suscitabit in tempus super illam.*» Dans la main de Dieu se trouve le pouvoir sur la société, et il suscitera en son temps un prince sage pour la gouverner.
Ecclésiastique. X. 4.

> Et, rude sauvageon, verse sa forte sève
> Au tronc foudroyé du pays.

> Des actes, non des mots, plus de roseaux — des chênes !
> Fleuris, lys de nos rois ! Aigle altier, rompt tes chaînes !
> Pour mener à l'assaut notre honneur combattant
> Tout labarum nous plaît dont la croix est le signe :
> L'Empire est au premier qui s'en montrera digne...
> L'heure a sonné, la France attend. (1).

En décembre 1842, sous le gouvernement de Louis-Philippe, par la plume de Louis Veuillot, l'*Univers* se traçait le même programme : « Nous réservons notre hommage et notre amour à l'autorité vraiment digne de nous, qui sortant de l'anarchie actuelle fera connaître qu'elle est de Dieu, en marchant vers les nouvelles destinées de la France, une croix à la main. »

Nous en sommes encore là !.., Quel catholique et quel royaliste pourrait bien, en 1884, corriger cette formule ? N'est-ce pas, en d'autres termes, la résolution même que la *Vraie France* publiait à Lille, le 3 novembre ?

Et maintenant, que M. le Comte de Paris se décide. S'il répudie le passé de sa race, la France catholique lui tend les bras, mais si, devenu roi légitime de la révolution, il venait s'asseoir sur le trône de St-Louis, nous n'aurions plus qu'à porter le deuil de la monarchie et de la France, nous souvenant des prophétiques paroles d'un grand évêque : « Le jour où un d'Orléans monterait sur le trône, je croirais entendre sur notre malheureux pays cet anathème du prophète : *Finis super te.* » ; car assurément, le dernier coup de grâce pour notre pauvre France serait un pouvoir mettant

---

(1) Stéphen Liégeard : A celui qu'on attend.

au service de la Révolution l'autorité du droit héréditaire. » (1).

Que M. le Comte de Paris parle donc, il en est temps, qu'il parle, s'il ne veut pas justifier les dédaigneuses et insultantes paroles qu'un ministre de la république, le citoyen Waldeck-Rousseau, lui jetait à la face, dans son discours du Puy le 6 septembre 1883, lorsqu'il disait :

« Je ne pense pas, messieurs, que rien menace la forme du gouvernement ; je ne pense pas qu'aucun changement soit à craindre, et l'agitation, restée sans écho, qui a suivi ou accompagné un deuil récent de la monarchie, m'autorise à tenir ce langage confiant : Le pays est resté parfaitement calme et digne, sûr de lui

(1) Vie de monseigneur de Salinis. archevêque d'Auch, par M. l'abbé de Ladoue 1855, notes et documents.

L'illustre prélat ajoute : « Ce droit héréditaire, je ne le reconnais pas du reste dans les d'Orléans. Il est de principe que ni les hommes, ni les familles ne peuvent revendiquer les bénéfices d'une loi qu'ils ont violée, qu'ils ont cherché à détruire. »

« Par l'usurpation de 1830, dit M. Crétineau-Joly, la branche d'Orléans a de fait renoncé elle-même aux droits qu'elle tenait de sa naissance, en se séparant volontairement du principe d'hérédité légitime pour se substituer au légitime réprésentant de ce principe, c'est-à-dire en recevant de l'insurrection une couronne à laquelle celle-ci n'avait pas le droit de toucher. En 1793 la branche d'Orléans a renié, en le répandant, le sang royal dont elle est issue, et par là, elle s'est politiquement supprimée comme branche de la maison de Bourbon ; en 1830, elle a renié, en le violant, le principe même en vertu duquel régnait cette maison, et par là, elle s'est rendue inhabile à pouvoir jamais l'invoquer. »

D'ailleurs, les d'Orléans ont renoncé aux droits et prérogatives de princes de la maison de France et même au nom de Bourbon qu'ils portaient. Devant le Conseil Général de la commune de Paris, le duc d'Orléans fit cette renonciation, il demanda et obtint de porter à l'avenir le nom d'*Egalité* ; ses fils prirent le même nom. Louis-Philippe, grand père de M. le Comte de Paris servit la révolution sous le titre de « général Egalité. »

et, je pourrais dire, indifférent ! *J'ajoute qu'il ne me paraît pas qu'il y ait beaucoup d'empressement à recueillir hautement et franchement une succession qui ne se présente pas sans quelques périls* et qui entraînerait, cela est de toute évidence, un éloignement certain du territoire français.

Il ne me semble pas, en effet, possible qu'il y ait sur notre sol un prétendant déclaré à cette couronne de France dont le peuple français s'est partagé les morceaux. »

Qu'il parle s'il ne veut pas qu'on dise : Il *a peur !* Il faut bien aussi que nous sachions s'il est, pour notre pays, le salut ou la ruine, si, après avoir crié : le Roi est mort ! les catholiques peuvent ajouter : Vive le Roi ! ; si enfin, la France qui demande un sauveur, a trouvé un grand Roi, ou n'est tombée que sur *un pauvre sire !*

« *Je ne veux point embâstarder les lys,* » disait Charles d'Anjou, l'héroïque frère de St-Louis.

L'histoire de tous les d'Orléans est l'opposé de ce sentiment si français.

« L'immoralité des uns, l'égoïsme des autres, l'ambition qui se développa chez tous pèsent sur la vie de chacun d'eux comme la tache originelle sur la race humaine » (1).

C'est pour cette raison qu'avant de nous incliner devant un prince d'Orléans, nous voulons savoir s'il s'est purifié de la souillure originelle de sa race, ou si, comme ses ancêtres, il n'aspire au trône que pour « *embastarder* » le lis sans tache de la royale maison de Bourbon.

---

(1) Cretineau-Joly, *l'Eglise romaine en face de la Révolution*, T. II, p. 171.

FIN.

APPENDICE

APPENDICE

I

Le Traité d'Utrecht

I.

On a cherché à appuyer particulièrement sur le traité d'Utrecht (1713) la royauté de M. le Comte de Paris. Nous nous étonnons qu'au premier abord on n'ait pas senti l'étrangeté du droit invoqué. Quoi ! un traité international fixe notre loi intérieure de succession au trône, et vous trouvez cela tout simple ! Croyez-vous donc que l'étranger ait un tel droit sur nous, ou que nous n'ayons pas eu l'occasion de nous affranchir de la restriction qu'il nous impose ? Ce traité d'Utrecht est-il valable aujourd'hui ? N'a-t-il pas été rompu par l'état de guerre qui est si souvent survenu en Europe ?

Mais est-il vrai que les étrangers aient voulu régler notre loi de succession et renverser notre droit national ? Une pareille prétention serait plus que bizarre. Philippe V occupait le trône d'Espagne quand fut signé le traité d'Utrecht. L'étranger s'obligeait à reconnaître Philippe V ; mais, en même temps, prévoyant que le duc d'Anjou pouvait être appelé par la loi de succession au trône de France, il s'opposa à la réunion des deux couronnes sur une même tête. Et comme, en fait, Philippe V était déjà sur le trône d'Espagne, l'étranger exigea que ni lui ni aucun de ses héritiers ne pussent jamais succéder en France. Il est bien évident que Philippe V ou l'un de ses héritiers, dépouillé du trône d'Espagne ou ayant renoncé à la couronne espagnole, ne pouvait rencontrer aucun obstacle à reprendre son rang dans sa famille nationale. D'une façon ou d'une autre, le traité d'Utrecht ne vise qu'un but, la séparation des couronnes de France et d'Espagne. Et le traité d'Utrecht a pu servir d'argument diplomatique à l'Angleterre, quand Napoléon s'emparait de l'Espagne.

Aujourd'hui il ne s'agit plus de réunir deux couronnes sur une seule tête, et les signataires du traité d'Utrecht ne se disposent pas à intervenir. Ecartons cette autorité de l'étranger, il en résulte néanmoins, au cas où elle serait admise, que M. le Comte de Paris, venant au nom du traité d'Utrecht, ne viendrait plus au nom de la loi salique. La conclusion est forcée : mais alors, nous tombons dans les difficultés inhérentes à la matière, et la certitude nous fait défaut sur la personne royale. Le traité d'Utrecht continue-t-il d'être en vigueur ? est-il bien interprêté ? et à qui appartient-il de trancher le différent ? Nous sommes en présence de contradictions sans fin, qui se transformeraient en guerres sans fin si les prétendants avaient des armées à leur service et si les passions politiques étaient à leur ancien diapason. Et cependant on soutient que le traité d'Utrecht est une confirmation de la loi salique, on s'efforce de démontrer que la loi salique subsiste avec le traité d'Utrecht et qu'ainsi le Comte de Paris a deux titres au lieu d'un. Ce n'est pas de cette façon que les plénipotentiaires français, dans les discussions qui ont précédé le traité d'Utrecht, ont envisagé la question.

Les alliés demandaient une renonciation. M. de Torcy répondait que la couronne de France n'était pas patrimoniale, et qu'en vertu de la loi salique elle se transmettait comme une substitution perpétuelle, en sorte que toute renonciation était nulle en soi. A quoi les alliés répliquaient qu'il s'agissait seulement pour eux d'un acte du droit des gens qu'ils sauraient faire respecter. En fait, Louis XIV portait la plus grave atteinte à la loi salique. La couronne de France, nous l'avons vu, est un fief transmis par le droit de primogéniture dans la ligne « agnatique ». La famille royale est attachée au fief pour le servir. Si les membres mâles de la famille sur qui pèse cette servitude se retirent de la famille, renoncent à leur droit, abdiquent leur devoir, le fief est diminué dans ses conditions de prospérité et de durée. Mais l'obligation de servir le fief est imposée par la naissance, par la loi primitive qui embrasse toutes les générations. Si, après le traité d'Utrecht, Philippe V se fût trouvé appelé par la substitution, il se serait passé une étrange scène. La Régence eût été établie, et une députation, comme à la poursuite d'un esclave fugitif, aurait sommé le duc d'Anjou de venir occuper sa place sur le trône de France. C'est alors que, pour obéir à l'esprit du traité d'Utrecht, il eût dû renoncer à la couronne d'Espagne ; ou bien il aurait livré la France au péril des compétitions.

Une brochure sur les princes d'Orléans prétend que la loi salique est aussi ancienne que la monarchie et qu'elle est confirmée par le traité d'Utrecht qui ne parle que de ligne masculine et exclut les femmes de la succession. C'est se méprendre singulièrement sur le sens de la loi salique. Si elle a pour unique but l'exclusion des femmes, elle est insignifiante et va même

contre son but. Les textes disent que les femmes ne
succèdent pas à la terre salique qui se partage entre
les mâles. Avec cela il n'y a pas de royauté possible,
mais une anarchie perpétuelle. C'est en effet la situation
de la France jusqu'à Hugues-Capet. L'exclusion des
femmes ne formait pas une loi de succession ; elle
était le germe d'une coutume nationale qui devait se
développer en s'adjoignant d'autres principes de gouvernement. L'idée du fief grandissait et contenait en
soi les idées d'unité et d'indivisibilité. Le Fief de l'Ile-
de-France devint le royaume de France. Hugues-Capet
n'eut garde de briser son fief en lui appliquant la
prétendue loi salique antérieure. Il s'efforça de joindre
à l'exclusion des femmes l'exclusion des mâles moins
un. C'était la toute la question. Il fallait enlever aux
enfants mâles le droit de succéder à leur père. C'est
ce droit qui produisait l'anarchie. Il découlait du droit
romain, des ambitions césariennes ou prétoriennes
suscitées par un état de guerre permanent. Les mâles
procédaient à la curée du trône ; et le père lui-même,
dans l'espoir d'obvier à de sanglants conflits entre
frères, partageait de son vivant, par testament, son
royaume. Mais pendant que l'anarchie se perpétuait
dans la race royale, les propriétés ou principautés
particulières suivaient avec le temps une loi inverse,
et par imitation de la propriété religieuse, elles ten-
daient à l'unité et à l'indivisibilité du domaine ; elles
y arrivaient par la coutume d'aînesse.

La coutume d'aînesse s'implanta dans la succession
royale ; ce fut long, et la persévérance des premiers
Capétiens n'en vint à bout qu'après un siècle. Cette
coutume d'aînesse fut formulée par le droit coutumier
de la façon la plus stricte. Pour écarter les compétitions,
la loi salique, qui a déjà exclu les femmes, exclut cette
fois les mâles, tous les mâles sans en excepter aucun.

Considérez, en effet, que la couronne est un fief un,
indivisible, se transmettant par voie de substitution
dans le cercle d'une famille donnée. Le Roi est sur son
trône, aucun de ses fils, pas même l'aîné, n'a droit à
la couronne. L'aîné n'est pas plus que les autres. Le
droit à la substitution n'est ouvert qu'au moment de la
mort du Roi, et le successeur est saisi en vertu de la
maxime : le mort saisit le vif. Le fils aîné n'a par lui-
même aucun droit, car rien ne prouve qu'il survivra à
son père ; cette survie, qui n'est pas en son pouvoir,
fixera seul son droit. Jusque-là il n'est rien, et le titre
de dauphin n'a été plus tard qu'un titre de courtoisie,
n'entraînant aucun effet juridique. Nous disons donc
avec raison que tous les enfants mâles sont exclus par
eux-mêmes. En conséquence, ils ne peuvent faire aucun
pacte sur la succession. Comment renonceraient-ils
valablement à un droit qu'ils n'ont pas? La renonciation
est sans objet et nulle. C'est sur ce principe que se
fondait Louis XIV pour arguer de nullité la renonciation
de son petit-fils le duc d'Anjou.

  Si les enfants mâles n'ont aucun droit de succéder,
il s'ensuit que le Roi n'a lui même aucun droit sur la
transmission de la couronne. S'il avait le droit de la
transmettre, il la transmettrait à qu'il voudrait, à celui
des fils qu'il choisirait ; il imposerait à son héritier
les charges et conditions qu'il jugerait à propos. C'est
ce qui n'a jamais été admis. Point de testament: tout
testament disposant de la couronne est nul, puisque
la couronne n'appartient pas au Roi. Le Roi est l'ad-
ministrateur de la couronne, le tuteur de l'Etat, il est
désigné pour cet office par la substitution primitive. Il
peut, aux termes du droit, améliorer la position de
l'Etat, l'agrandir. C'est son devoir de tuteur. Il ne lui
est pas permis de diminuer l'Etat, de céder une province. On l'a bien montré à François I⁰ʳ. prisonnier de

Charles-Quint. Prisonnier, il était considéré comme mort
civilement, et ne pouvant faire aucun acte valable. Ainsi
le Roi est désigné non par un concours de volontés
vivantes et capables d'être influencées, mais par un
fait antérieur, certain, infaillible, qui est sa naissance
provenant du mariage de ses père et mère. Toute une
famille est ainsi asservie au fief de la couronne ; elle
est dévouée dès l'origine à cette mission ; elle se confond avec la nature pour en assurer l'unité et l'indivisibilité. C'est à l'histoire à juger si cette mission a
été remplie jusqu'en 1789.

Si le Roi ne peut faire un testament, il est de toute
évidence que l'abdication est nulle, car elle dispose in-
directement de la couronne. Est-il plus permis d'abdiquer que de renoncer à la succession non ouverte ?
Nous plaçant au point de vue de la substitution, le Roi
nous apparaît comme l'héritier « sien » du droit romain,
hœres necessarius. Il est là pour empêcher la lutte,
la concurrence. Vous lui dites : retirez-vous, celui qui
vous suit vous remplacera, et rien ne sera changé dans
l'Etat. Ce n'est parler ni en politique ni en jurisconsulte.
La loi salique écarte toute compétition au trône ; elle
est cela ou elle n'est rien. Avec elle, point de doute
sur la personne royale. L'abdication introduit le doute.
Comment abdiquer ? Par un acte notarié, par un manifeste ? Mais si le Roi se repent de son abdication, ou
s'il se plaint d'une erreur de sa part, ou de violences
exercées sur lui ? Comment jugerez-vous un tel débat,
et quel tribunal prononcera ? Et si une partie de la
population ne croit pas à la sincérité de l'abdication,
et prend les armes, n'est-ce pas la situation que précisément la loi salique prévoit et prévient ? Par l'abdication le
Roi transfère la couronne à un successeur ou héritier
qu'il connaît ou choisit. Il fait une donation entre-vifs
au lieu d'un testament. Mais une donation n'est-elle

pas la même chose qu'un testament ? La royauté, non plus entendue dans le sens de l'héritage, mais de la substitution, n'est plus un droit, c'est un devoir. Et Monsieur le Comte de Chambord écrit : on n'abdique pas un devoir. C'est vrai au pied de la lettre : le Roi est un esclave : il se doit tout entier à sa charge, à sa mission.

C'est une charge de paternité ; comment l'abdiquer ? La royauté, par la loi salique, est une servitude glorieuse. La notion du droit royal y est très limitée. Le Roi a tout droit pour maintenir, fortifier, agrandir l'Etat. Mais ce n'est qu'un usufruitier ; il a charge de conserver et de rendre. Toute cette théorie ressort des négociations mêmes d'Utrecht et nos Rois y ont cent fois fait allusion. Les légistes ont signalé ce caractère de substitution de la royauté, mais ils ont peu développé leur doctrine. Alors on ne croyait pas utile de s'appesantir sur les questions de souveraineté qu'il est toujours dangereux de remuer. Un factieux célèbre, le cardinal de Retz, déclare dans ses *Mémoires* que les droits des peuples et des rois ne s'accordent jamais mieux que dans le silence. Il est cependant facile de ressaisir les linéaments de cette grande tradition de la loi salique et de la royauté française. Nos Rois ne l'ont pas toujours respectée ; mais il est à remarquer que c'est toujours en vue d'une utilité publique plus ou moins bien appréciée et en face de circonstances extrêmes. Ils ont considéré la France, non eux-mêmes. Ils ont, en quelque sorte, été trop dévoués à leur pays. Et malgré tout, ils ont rempli le rôle que leur assignait la loi salique de façon à nous laisser une France qui, en d'autres mains, s'affaiblit et se déconsidère d'heure en heure.

II

Ce que nous devons entendre par la loi salique, c'est une coutume nationale. Elle imprime à la royauté française un caractère tout particulier et qui n'appartient à aucune autre royauté. Depuis Hugues Capet la série royale est ininterrompue ; tous ces rois arrivent au même titre, remplissent le même office. Et chacun transmet à son successeur la substitution primitive presque toujours agrandie par lui. Ainsi se transmet le gouvernement de l'Eglise catholique ; le charge du Souverain-Pontife est une substitution dont le caractère ne varie pas. Le Pape est élu, désigné par le corps des cardinaux ; il ne tire pas d'eux son pouvoir; autrement, ce pouvoir pourrait être modifié par les électeurs, avant l'élection. Le Pape tient de Jésus-Christ dont il est vicaire une autorité qu'il reçoit et transmet intégrale. Les mêmes principes ayant toujours présidé à l'élection du Souverain-Pontife, les Papes forment la plus longue des dynasties et une dynastie qui durera jusqu'à la fin des temps. Mais ici, un droit positif, divin, maintient la coutume à toujours. Il n'en est pas ainsi dans l'ordre purement temporel. La coutume naît peu à peu dans la famille, elle se fortifie de l'adhésion successive des générations, et le temps qui détruit tout ne fait que l'enraciner. Mais à parler strictement, c'est moins le temps qui agit que la possession paisible. La coutume se confond avec la prescription. Un fait se produit, il n'est pas contesté ; en se perpétuant, il devient un droit. C'est ainsi qu'un peuple se fait sa loi à lui-même. Mais cette loi qui se renouvelle chaque jour par l'adhésion volontaire des peuples est exposée à l'oubli, à la désuétude.

On n'a jamais tant parlé du « principe d'hérédité » qu'à notre époque, où l'hérédité a complètement disparu de nos lois et de nos intérêts. L'hérédité est avant tout un fait. C'est ainsi qu'elle se présente dans l'histoire parce qu'elle est dans la nature humaine et réalise les meilleures inspirations de la famille. La coutume devient ensuite nn droit ou si l'on veut, un principe. Pour la défendre contre ses adversaires, il faut bien constater qu'elle est bonne, sage, utile. Mais les révolutions surgissent, la coutume est arrêtée dans son essor, des lois violentes s'imposent, une génération tout entière, au bout d'un siècle ou d'un demi-siècle. est entraînée dans un sens contraire à la coutume. Alors, il ne reste plus qu'un souvenir de la coutume. La loi salique, brisée en 1793, s'est retrouvée en 1814, La révolution n'avait pu commencer une prescription puisqu'elle n'avait été qu'une occupation violente. Mais, c'est en 1824 que la loi de succession s'appliqua dans un calme si parfait qu'on s'en aperçut à peine, quand Charles X succéda à Louis XVIII. C'est, depuis un siècle, le seul fait d'hérédité que nous ayons à enregistrer. Tous les pouvoirs nouveaux se sont flattés d'atteindre à l'hérédité. Ils l'ont même fastueusement inscrite dans leurs constitutions. Ils ne donnaient force de loi qu'à des désirs, à des chimères, à des espérances. Ces pouvoirs de fait et qui étaient encore si loin de la prescription, voulaient confisquer le temps. Mais le temps ne se laisse pas confisquer par voie subreptice ou violente, il ne cède qu'aux procédés lents d'une possession paisible et prolongée.

Napoléon n'a rien transmis a son fils mort en exil. Louis-Philippe aussi est mort en exil et n'a rien pu transmettre. Louis-Napoléon n'a pas succédé à l'Empire ; il n'est pas venu au nom du principe d'hérédité. Il s'est

adressé, comme son oncle, au peuple souverain, et a
fondé un nouvel empire. Il commençait une série ;
telle était sa prétention, et il la consignait dans une
constitution en s'attribuant le principe d'hérédité. On
sait comment cet espoir d'hérédité a été déçu. Son
fils est mort au service de l'Angleterre. Si le prince
Jérôme refait l'empire, ce sera en dehors du principe
d'hérédité. La famille Bonaparte, quoiqu'elle ait longtemps régné, ne présente aucun fait d'hérédité. Or,
si le principe d'hérédité découle du fait d'hérédité, on
voit qn'elle n'a pas conquis le principe et qu'elle sera
encore forcée de recourir à l'élection. Il n'y a pas
jusqu'à présent d'hérédité dans la famille Bonaparte ; il
n'y en a pas plus que dans la famille des Césars. Le principe
d'une élection populaire, vraie ou simulée, est la base
du césarisme et du bonapartisme. Il est incompatible
avec l'hérédité. Chaque élection renouvelle le roi
ou empereur, tandis que l'hérédité établit un roi ou
empereur qui dure autant que la nation et demeure le
même dans la série de ses successeurs sortis de la
même famille par une loi invariable. Nous donnons le
nom de dynastie à cette série de successions dans la
famille. Aussi n'avons nous jamais appelé Louis-
Napoléon « Napoléon III ». Il ne fait pas série ; il est
unique comme son oncle. La famille des Napoléons
nous fournit la dictature, et la dictature est l'opposé
de la possession paisible qui engendre la prescription
et l'hérédité.

De nos jours, un jeune prince du nom d'Alphonse
s'est assis sur le trône d'Espagne, c'est-à-dire qu'il a
été appelé, au choix de l'armée, à la première ma-
gistrature du pays. Il se promet aussi l'hérédité.
L'obtiendra-t-il? C'est le secret de l'avenir. Par lui-
même, il n'a pas hérité, puisqu'on n'a invoqué en sa

faveur que le droit de la succession féminine, qui n'est pas un droit, mais l'absence de tout droit et une pure anarchie. Cependant nous lisons qu'il est déjà « Alphonse XII ». Cela fait penser aux dynasties égyptiennes. Que de tortures pour les érudits de l'avenir qui s'efforceront d'encadrer cette douzaine d'Alphonses dans l'histoire d'Espagne depuis Charles-Quint jusqu'à nous ! L'Espagne n'a pas produit chez elle le principe d'hérédité ; il lui est venu de l'étranger avec la maison d'Autriche, puis avec la maison de Bourbon. Il est facile de simuler de longues généalogies. Un prêtre égyptien montrait à Hérodote, en preuve de l'existence de 350 rois successifs, les 350 statues qui ornaient un temple. Hérodote s'empressa de raconter cette histoire aux Grecs. Le difficile, c'est d'hériter ou de transmettre même une seule fois. Ce fait de l'hérédité a une telle importance, que partout on essaye de le contrefaire. On peut vivre sans lui, mais c'est à la condition de se condamner à une existence instable, pleine de troubles et de périls. A ce prix, un peuple ne vit pas longtemps.

La Restauration a été comme un regain du principe de l'hérédité. Mais déjà l'antique coutume nationale était bien affaiblie. A cet égard, Louis-Philippe ne succède pas ; il ne suit pas le chemin tracé, il prend une autre route. L'usurpation de 1830 pouvait aboutir à une nouvelle série de rois, à une dynastie distincte, mais non souder la branche cadette à la branche aînée. Louis-Philippe le sentit ; il n'osa pas se placer dans l'ancienne série et s'intitula « Louis-Philippe I er », marquant ainsi sa volonté de fonder une nouvelle dynastie. En quoi il échoua ; et c'est justement à la fin de son règne, quand l'ordre public paraissait établi, qu'un effort suprême du parti révolutionnaire le

renversa. Dans ce parti se trouvaient tous ses principaux
amis de 1830. Ce qu'ils avaient voulu, en effet, c'était
moins une royauté qu'une monarchie à forme républicaine, ou une république à forme monarchique.
Aujourd'hui l'accession du Comte de Paris à la couronne
ne serait plus une usurpation, une interruption de
prescription. C'est un avantage incontestable. Bien des
circonstances se réuniront en sa faveur. Les souvenirs
de 1830 pèseront d'un grand poids ; les princes d'Orléans sont prédisposés à un rôle de conservation
sociale. Mais la royauté où ils sont poussés est-elle
celle du Comte de Chambord ? La loi salique n'imposait
pas la royauté d'un roi fainéant ; elle ne partageait pas
le pouvoir royal ; elle se reliait à un ensemble d'institutions disparues et que les princes d'Orléans n'ont
jamais regrettées. S'entendaient-ils en 1873 avec le
Comte de Chambord? Et depuis ont-ils manifesté leur
sentiment sur la politique royale? Quand tout les
sollicitait à s'expliquer, ils ont gardé le mutisme le
plus absolu, se contentant de lutter de longévité avec
M. le Comte de Chambord. Ils sont acceptés par les
royalistes, mais se rattachent-ils à l'ancien parti
royaliste, à la loi salique?

Leur tradition n'est pas celle de la monarchie.
Cette lacune, leurs amis ont essayé de la combler
par des arguments qui ne sont pas tous de bon aloi.
Dans leur précipitation, ils ont été jusqu'à redouter
les prétentions de Don Carlos, qui ne manifestait
aucune prétention, et qui, son père Don Juan de
Bourbon étant vivant, n'avait aucun droit d'après la
loi salique. On a traité d'étrangers Don Carlos et le duc
de Parme, les propres neveux du Comte de Chambord.
C'était d'assez mauvais goût, d'autant plus que la
qualité de Français est fort insignifiante. Aux termes
du code civil, tout étranger peut l'acquérir ou tout

Français la recouvrer à volonté, et sans formalités
gênantes. Est-ce le territoire ou le sang qui constitue
la nationalité? La vraie nationalité est la naissance, et
les deux mots sont synonymes. Où est maintenant la
loi salique, et qu'en reste-t-il? C'était la royauté chrétienne, se développant à travers les âges. A-t-elle
subsisté dans son intégrité, jusqu'au Comte de Chambord? Et le traité d'Utrecht ne l'a-t-il pas mortellement
blessée? Il est facile de l'invoquer pour écarter des
compétitions possibles. Mais toute autre désignation
que la naissance est sujette à contestation. Le traité
d'Utrecht n'est pas une coutume nationale. La vie de
la coutume, c'est l'assentiment perpétué des générations;
voilà ce qui manque à la loi salique depuis Louis XVI.
Les coutumes viennent et s'en vont insensiblement.
Le fait de l'hérédité n'apparaît plus dans nos mœurs;
aucun évènement ne l'a ravivé. Le seul homme qui
représentait avec une pleine confiance ce principe
d'hérédité s'est éteint dans l'exil.

En 1873, l'Assemblée nationale imposait au Comte
de Chambord une royauté calquée sur celle 1830, Le
roi devait se soumettre aux Chambres et ne gouverner
que par des ministres de leur choix. Le roi n'eut été
qu'un président à vie. C'était un héritage tout moderne,
et non plus cette couronne transmise, comme une
substitution par la loi salique. Le titre était changé,
il y avait novation. La loi salique consacrait une royauté
indépendante, autonome. Ce qui ne veut pas dire qu'il
n'y eût pas dans notre société chrétienne d'autres
autorités également indépendantes, et ne relevant que
d'elles-mêmes. Ce n'est pas la faute de la loi salique
si ces autorités n'ont pas su se maintenir, s'organiser
et ont laissé le césarisme s'insinuer dans nos institutions.
C'est à cette royauté que s'appliquait le principe

d'hérédité, c'est elle seule qui avait été héréditaire.
Or, jamais les princes d'Orléans n'ont revendiqué un
tel héritage ; ils l'ont répudié en 1873. Ce qui alors
était mis en adjudication, c'était l'héritage de 1830,
une royauté soumise aux Chambres. Cette royauté n'a
jamais été héréditaire. Elle est étrangère à la loi
salique et au traité d'Utrecht. Le roi de la loi salique
ne fait pas ce qu'il veut, il est circonscrit dans le
cercle de la loi, il ne saurait sans forfaiture dénaturer
le caractère dont il est revêtu. Monsieur le Comte de
Chambord a mieux aimé laisser une mémoire intacte
que courir une aventure. Il a pu manquer d'audace,
mais il a compris la question.

La royauté constitutionnelle de 1830, et même celle
de 1814 ne sont pas la royauté de la loi salique ; elles
ne continuent pas la série interrompue en 1793. Les
Bourbons, les Bonapartes, les d'Orléans se sont
essayé à la monarchie constitutionnelle. Aucune de
ces tentatives n'a eu de succès. Cela prouve que ces
gouvernements ont plus célébré le principe d'hérédité
qu'ils ne l'ont réellement servi. Le principe de l'hérédité
était encore dans les mœurs en 1789. Tout est changé.
Il n'y a plus de champ héréditaire ni de maison de
famille. Le code civil a pulvérisé toutes les fortunes,
et par la liquidation perpétuelle des biens, a rendu
toute tradition impossible. La royauté moderne s'est
associée à cette instabilité, elle s'est soumise à
l'élément populaire, elle a renoncé à son initiative, et
renié toute la tradition. C'est le même nom, ce n'est
plus la même royauté, ce n'est plus même une
royauté. Il y a solution de continuité. L'héritage dont
le Comte de Chambord conservait une ombre s'est
évanoui en droit comme en fait. Il reste une royauté
qui, réunissant à divers éléments de la tradition

l'entente des intérêts sociaux, et se dévouant à leur assurer la stabilité, peut encore rallier les Français. L'œuvre est laborieuse. Elle exige le concours de tous les honnêtes gens, par la consécration définitive, dans notre droit public, des droits de famille et de propriété.

COQUILLE.

II.

L'hérédité au point de vue historique.

I.

Le droit peut parfois s'obscurcir, tandis que l'histoire, interrogée avec bonne foi, garde toujours sa précision et sa lumière ; l'ignorer ou feindre de l'ignorer, cela n'équivaut pas à la supprimer. C'est un témoin qui s'impose et sait forcer toutes les consignes.

Au cours de la discusstion qui se poursuit depuis six semaines sur la question de l'hérédité royale, l'*Univers* a plusieurs fois indiqué d'une façon très nette sa ligne politique. Ce ne sera pas y contrevenir, que de rappeler avec quelques détails les précédents historiques de cette question, les maximes et les traditions de notre vieux droit national.

On sait comment s'est engagée la polémique. Le dernier roi de la branche aînée des Bourbons n'avait pas encore rejoint dans le caveau de Castagnavizza le roi Charles X, la fille de Louis XVI et les autres victimes de la Révolution dans le dernier demi-siècle ; que dis-je, il n'avait pas rendu le dernier soupir que se produisaient des incidents peu en rapport avec la gravité et la solennelle tristesse des circonstances. Au risque de troubler les funérailles de Henri V et le deuil de ses fidèles, les politiques de cour et de parlement s'occupaient déjà de faire proclamer son successeur. Il s'agissait d'obtenir sans délai l'adhésion éclatante du parti royaliste. Pour amener un tel résultat, tous les moyens furent jugés bons. On ne se contenta pas d'invoquer, comme on en avait le droit, soit les souvenirs des trente-cinq années écoulées depuis le début même des tentatives de fusion, soit la démarche du 5 août 1873, par laquelle avait été scellée la réconciliation des princes de la branche cadette avec le chef de la Maison de Bourbon. Les zélés commirent une première maladresse, Monsieur le Comte de Chambord, disaient-ils, en pressant tout à l'heure sur son cœur défaillant M. le Comte de Paris, l'a désigné, c'est-à-dire l'a imposé pour son héritier. C'est lui qui, de son lit de mort, vient de le montrer aux royalistes en leur disant : Voici votre Roi ! Comme si un roi de France avait eu, depuis neuf siècles et plus, le droit de *désigner* son successeur !

C'était là une hérésie historique. Mais on pouvait voir une sorte d'argument oratoire destiné, dans la pensée de ceux qui l'employaient, à émouvoir, à toucher les cœurs royalistes plutôt qu'une altération préconçue et systématique de la vérité.

Personne ne fut tenté de protester. Les zélés pourtant ne se tinrent pas pour satisfaits. Toucher les cœurs, c'était bien sans doute, il fallait mieux. En conséquence les néo-légitimistes crurent bientôt opportun d'appeler l'histoire à leur aide ; ils s'obstinaient à discuter, alors que nul, en dehors d'eux, ne semblait disposé à rompre le silence. Le traité d'Utrecht, s'écrièrent-ils, est depuis bientôt deux siècles la base de notre droit public. Ce n'est pas seulement la volonté clairement manifestée d'Henri V mourant, c'est ce traité célèbre, ce sont les renonciations qu'il a sanctionnées, qui appellent au trône M. le Comte de Paris, et après lui par ordre de primogéniture les membres de la branche cadette de France, à l'exclusion de tous les autres princes de la Maison de Bourbon, devenus étrangers. Cette fois, la maladresse dépassait les bornes permises.

On connaît la suite. Qualifiés « d'étrangers » dans une note dont le *Figaro* eut la primeur, les princes descendants de Louis XIV n'ont opposé que le dédain à cette injure gratuite. Un seul d'entre eux, M. le duc de Madrid, s'est borné à écrire à son représentant en Espagne, au sortir du caveau ou repose Henri V : « Je n'ai jamais senti plus vivement que dans cette cruelle journée la force des liens indissolubles qui m'attachent à ma chère Espagne. C'est à elle seule que j'appartiens, et je lui appartiendrai toujours. »

Rien de plus digne et de plus noble.

Les journaux du nouveau parti royaliste ont enregistré ce document avec une joie qu'il eut été plus habile de mieux dissimuler. Que leur importait la déclaration toute personnelle de M. le duc de Madrid, si les renonciations d'Utrecht ont la valeur et la portée qu'ils semblent y attacher? Ils ont trop laissé voir qu'à leur propre estime la thèse soulevée et soutenue par eux n'était pas inattaquable.

II

Et en effet, ce n'est point sur les renonciations de 1712, sanctionnées par le traité d'Utrecht, qu'il est possible de fonder la légitimité des droits actuels de la maison d'Orléans au trône laissé vacant par la mort du dernier roi très chrétien. Cet appui serait non moins invalide que la prétendue désignation à laquelle nous faisions allusion tout à l'heure.

Il ne nous appartient pas de chercher d'autres bases à cette légitimité. Nous disons simplement que celles-ci doivent être écartées. Ou plutôt c'est l'histoire qui le dit, et toute notre tâche consiste à prendre note de quelques-uns de ses témoignages. Ils sont nombreux, et pour les recueillir en totalité avec leurs développements complets un volume serait nécessaire. Mais à quoi bon multiplier les citations ? Celles qui vont suivre présentent, nous osons le dire, un résumé très exact de cette question depuis l'époque même des renonciations jusqu'à nos jours ; elles suffisent à faire ressortir la vérité.

Quelle est, en général, la valeur juridique des renonciations de cette sorte ? Elles ont toujours été regardées en France comme frappées d'une nullité absolue, tout au moins à l'égard des héritiers du renonçant. C'est ce qu'en 1712 Louis XIV faisait répondre par son secrétaire d'État pour les affaires étrangères, le marquis de Torcy, au secrétaire d'État d'Angleterre :

La lettre, de Torcy (1), portait que la renonciation demandée serait nulle et invalide suivant les lois fondamentales du royaume, selon lesquelles le prince qui

_____

(1) *Mémoires de Torcy*, t. LXVIII de la collection Petitot, p. 161.

est le plus proche de la couronne en est héritier de
toute nécessité ; que c'est un héritage qu'il ne reçoit ni
du roi son prédécesseur, ni du peuple, mais en vertu
de la loi... Cette loi, ajoutait le ministre français, est
estimée l'ouvrage de Celui qui a établi les monarchies,
et l'on tient en France qu'il n'y a que Dieu qui puisse
l'abolir, par conséquent qu'il n'y a aucune renonciation
qui puisse la détruire... Si donc le roi d'Espagne renonçait à son droit pour l'amour de la paix, et pour obéir
au roi son grand-père, ce serait se tromper et bâtir
sur le sable, que de recevoir une telle renonciation
comme un expédient suffisant pour prévenir le mal
qu'on se proposait d'éviter.

Le mal qu'on se proposait d'éviter, c'était la réunion
possible des deux couronnes de France et d'Espagne
sur la même tête. L'Angleterre, qui voulait la paix,
tenait essentiellement aussi à écarter pour jamais cette
éventualité, jugée par elle nuisible au repos de l'Europe. Tel est l'unique motif qui la portait à demander
la renonciation de Philippe V à ses droits de prince
français. C'était là pour elle un « expédient », un
moyen d'arriver à ses fins, et rien de plus. Son gouvernement considérait cet expédient, ce moyen comme
le plus propre à empêcher la réunion, à son avis si
fatale, des deux couronnes de France et d'Espagne sur
une tête royale, qui aurait pu être celle d'un nouveau
Charles-Quint ou d'un second Louis XIV. Mais « il ne
refusait pas, ajoute Torcy, de chercher réciproquement,
et de travailler de concert à trouver, s'il était possible,
quelque autre expédient pour achever et assurer
solidement l'ouvrage de la paix. »

On ne put tomber d'accord sur une autre com-
binaison, et finalement la renonciation eut lieu. Mais
l'Angleterre, éclairée sans doute par les objections
qui lui avaient d'abord été opposées, aurait voulu que

« la renonciation du roi catholique fut ratifiée par les
États du royaume de France. » C'est ce quelle ne
réussit pas à obtenir. « L'autorité que les étrangers
attribuent aux États est inconnue en France, » lui répon-
dit-on, et persuadée ou non, elle n'insista point. Louis
XIV promit seulement « qu'il accepterait la renonciation du roi, son petit-fils, qu'elle serait ensuite
publiée par son ordre, et enregistrée dans tous les
parlements du royaume de la manière la plus solennelle ;
que, de plus, les lettres patentes que sa Majesté avait
accordées à ce prince, au mois de décembre 1700,
pour conserver ses droits à la couronne, nonobstant
son absence hors du royaume, seraient rayées des re-
gistres du parlement et, du consentement du roi catholique, abolies et annulées. »

Toujours est-il que l'Angleterre avait dû renoncer
à l'unique garantie qui eût été capable de valider les
renonciations, à savoir l'assentiment da la nation re-
présentée par les Etats-Généraux. Elle avait hâte d'en
finir. Le ministre de la reine Anne, Bolingbroke, fit
donc approuver par les puissances alliées le projet de
déclaration proposé par Louis XIV au sujet des renonciations. « Il leur représenta, dit Duclos (1), que si la
France était jamais assez puissante pour revenir sur
ses engagements, rien ne l'arrêterait ; mais que l'intérêt
des puissances réunies de l'Europe serait la plus sûre
des garanties, la force étant toujours entre les princes
l'interprète des traités. »

C'est sur ces bases que la paix se fit. L'Europe obte-
nait la promesse solennelle que les deux couronnes ne
seraient jamais réunies. C'est tout ce qui lui importait, et
il faut avouer que, sous ce rapport, les renonciations
ajoutaient peu de chose à la force des engagements
contractés.

(1) *Mémoires secrets*, collection Petitot, t, LXX, p. 90.

Que valaient-elles, en effet? Juste ce qu'avaient valu celle d'Anne-d'Autriche et celle de Marie-Thérèse, lesquelles n'avaient pas empêché l'accession de Philippe V au trône d'Espagne en vertu même des droits de son aïeule et de sa bisaïeule.

Et l'enregistrement au Parlement, que valait-il? Juste ce qu'avait valu quelques années auparavent celui des lettres patentes, par lesquelles Louis XIV maintenait au duc d'Anjou appelé au trône d'Espagne ses droits de successibilité à la couronne de France. Bolingbroke ne s'y trompait pas, on vient de le voir.

Toutefois, on était résolu en France à observer les engagements relatifs à la séparation perpétuelle des deux couronnes. La nation se trouvait sur ce point en parfait accord avec son gouvernement. Elle n'en restait pas moins fidèlement attachée aux principes qui fixaient l'ordre de succession à la couronne de France. C'est ce que Duclos constate en ces termes (1) :

« Les principes ou les préjugés nationaux sont inaltérables. On est généralement persuadé en France que si la famille royale, la branche directe, venait à s'éteindre, l'aîné de la branche espagnole passerait sur le trône de France, au préjudice de tous les princes du sang qui ne seraient pas sortis de Louis XIV, Louis XV, etc., etc. On n'est pas moins convaincu que les deux couronnes ne seraient pas réunies sur la même tête. »

Elles étaient donc bien profondément gravées dans les cœurs français, *ces lois fondamentales du royaume*, que Louis XIV invoquait pour repousser les premières suggestions du cabinet anglais !

Entre autres preuves de l'attachement de la nation pour le vieux droit, il en est une qui mérite spécialement d'être rappelée dans ce travail.

(1) *Mémoires secrets,* même page.

Nous sommes sous la régence, La politique de Louis XIV est abandonnée. La triple alliance, bientôt transformée en quadruple alliance, menace de renverser le trône du roi d'Espagne.

Saint Simon, malgré son dévouement presque fanatique pour le régent, ne peut contenir l'explosion des sentiments de réprobation que lui inspire cette entreprise anti-nationale. C'est alors qu'il adresse à son prince des paroles, plus d'une fois citées à sa louange ; elles honorent en effet l'indépendance de son caractère, comme elles témoignent de la rectitude naturelle de de son esprit. Combien il est regrettable que l'acariâtre duc n'ait pas su plus souvent secouer le joug de la passion, du caprice et du *moi !*

Lui-même a pris soin de nous laisser dans ses *Mémoires* (1) cette éloquente et sévère remontrance. En voici la fin :

Où en seriez-vous si le roi d'Espagne, à bout de moyens, vous laissait faire, entrait en France désarmé, et publiait qu'il vient se livrer à ces mêmes Français qui l'ont mis sur le trône et qui l'y ont soutenu, qui sont les sujets de ses pères et de son neveu, qu'il ne vient que pour les secourir et pour prendre la régence que sa naissance lui donne sitôt que son absence cesse de l'en exclure, et arracher le roi son neveu, sa nation et *son héritage*, des mains d'un gouverneur tel qu'il lui plaira de vous représenter ?

Je ne sais quelle en serait la révolution, mais je vous confesse, monsieur, à vous tout seul, que pour moi qui n'ai jamais été connu du roi d'Espagne que dans sa plus tendre jeunesse, moi, dont il n'a jamais entendu parler depuis qu'il est en Espagne, qui ai tout à attendre de vous et rien au monde de nul autre, je vous confesse, dis-je, que si les choses venaient à ce

(1) *Mémoires de Saint-Simon,* tome XI, pages 42 et 43. Edition 1858.

point, je prendrais congé de vous avec larmes, j'irais trouver le roi d'Espagne, je le tiendrais pour le vrai régent et pour le dépositaire légitime de la puissance du roi mineur. Que si, tel que je suis pour vous, je pense de la sorte, que pouvez-vous espérer de tous les autres vrais Français ?

Nulle indécision n'existait donc alors touchant les droits de Philippe V et de sa descendance à la couronne de France. « Tous les vrais Français », comme s'exprime Saint-Simon, reconnaissaient et tenaient pour subsistantes ces « lois fondamentales du royaume » que rien n'aurait pu abolir, si ce n'est peut-être le consentement formel de la nation, laquelle n'avait point été appelée à ratifier les renonciations de 1712.

Aussi, au mois d'octobre 1728, Louis XV étant tombé malade, et le bruit de sa mort ayant couru en Espagne, « Philippe V, au rapport de Duclos (1), fit aussitôt assembler la junte et déclara qu'il allait passer en France avec le second de ses fils, laissant la couronne d'Espagne au prince des Asturies, son aîné, qui la préférait et qui fit dans la chapelle sa renonciation en forme à celle de France. »

N'y a-t-il pas là une confirmation nouvelle du double fait qui se trouve mentionné pour ainsi dire à chaque page des documents contemporains ? La résolution prise par Philippe V suffirait seule à montrer d'une part que l'accession au trône restait ouverte en France au duc d'Anjou et à ses héritiers en cas d'extinction de la branche régnante ; d'autre part, que la maison de Bourbon entendait demeurer fidèle aux engagements contractés à Utrecht vis-à-vis de l'Europe.

(1) Il tenait le fait de la duchesse de Saint-Pierre, dame du palais de la reine d'Espagne, et du maréchal de Brancas, ambassadeur de France à Madrid.

Qui se serait alors avisé de contester à Philippe V et à ses descendants la qualité de Français, comme on dirait aujourd'hui ? Ce n'était pas seulement la famille civile, c'était la famille politique qui subsistait, et sans vouloir attacher plus d'importance qu'il ne convient au titre donné au traité de 1761, qui vint unir dans un intérêt commun les rois de France, d'Espagne, des Deux-Siciles et le duc de Parme, n'est-il pas permis de rappeler cette stipulation significative : — Aucuns souverains autres que les *princes de la Maison de Bourbon* ne pourront être invités ni admis à accéder au *pacte de famille.* »

Voilà pour le droit ancien.

III

Passons à ce qu'il est convenu d'appeler le droit moderne.

Au mois de septembre 1789, la Révolution est déjà maîtresse. Depuis trois mois les États Généraux se sont transformés en Assemblée nationale, ils sont en plein travail de constitution. Le côté gauche est d'accord avec le côté droit pour reconnaître et décréter l'inviolabilité déjà si mal respectée du roi, l'*indivisibilité* du trône, et même, il l'assure du moins, l'hérédité de la couronne dans la famille des Bourbons. Mais voilà le point délicat. Le principe posé, l'Assemblée sera peut être amenée à régler l'ordre de successibilité pour le cas ou la branche régnante viendrait à s'éteindre. Mirabeau aurait donc voulu l'ajournement (1).

(1) Le marquis de Ferrières, dans ses Mémoires, en donne cette explication : — « Un regard jeté rapidement sur l'Assemblée Nationale, avec ce tact infaillible des hommes et des choses, avait suffi à Mirabeau pour voir que *les esprits n'étaient pas disposés à décider cette importante question en faveur du duc d'Orléans.* »

« Nos liaisons politiques, considérées sous tous les rapports, nous imposent, disait-il à ses collègues, un respect superstitieux sur cette question ; mais ce sera bientôt à vous de décider si ce pacte de famille ne doit pas être changé en pacte des nations. » Le côté droit insiste pour une résolution immédiate touchant l'hérédité de la couronne, dans la « race » régnante, de mâle en mâle, par ordre de primogéniture, conformément à ce qui a été proposé par le comité de Constitution. Les orléanistes s'agitent, à la recherche des expédients les plus utiles à leur cause. Mirabeau veut joindre la question de la régence à celle de l'hérédité, il demande à l'Assemblée de déclarer que « nul ne pourra être régent s'il n'est né en France ». Inutile de préciser l'objet et la portée de cette motion ; elle n'a pas de suite.

Sillery vient ensuite lire la renonciation de la branche espagnole. Les orateurs du côté droit n'en éprouvent qu'un désir plus vif de faire proclamer sans division et sans délai la maxime fondamentale de la Monarchie. Ils ne sauraient se contenter de l'inviolabilité du roi et de l'indivisibilité du trône. « Les révolutionnaires, dit Ferrières, ne pouvant obtenir la division, employèrent les ressources de leur tactique ordinaire : amendement, sous-amendement, nouvelles rédactions, bruit, tumulte. » Les mémoires de Ferrières ajoutent beaucoup de détails, inutiles à rappeler ici, mais qui montrent que dès lors le parti d'Orléans se préoccupait vivement de l'extinction éventuelle de la branche régnante. Enfin, « après une nuit employée en intrigues », et pendant laquelle les révolutionnaires travaillèrent à fortifier leur parti, Bouche, à l'ouverture de la séance suivante, lut une nouvelle rédaction ainsi conçue :

La personne du roi est inviolable et sacrée : le trône est indivisible ; il est héréditaire pour toute la Maison des Bourbons régnants en France, de mâle en mâle, par ordre de primogéniture, à l'exclusion des femmes et de leurs descendants; et en cas de défaillance d'enfants mâles et légitimes dans la Maison de Bourbon, régnante en France, la nation s'assemblera par ses représentants pour délibérer.

Target proposa d'ajouter au décret : *sans rien préjuger sur l'effet des renonciations.* Faute de tactique, qui lui fut vivement reprochée par les meneurs du côté gauche, et qu'il tenta vainement de réparer. En vain, Mirabeau s'efforça-t il encore de faire prévaloir l'ajournement, le décret fut voté avec l'amendement de Target à la majorité de 500 voix contre 438 (1)

A la proclamation du vote, Sillery s'écria :

« Je demande, monsieur le Président, qu'il soit dit dans le procès-verbal que le décret a été rendu en l'absence de M. le duc d'Orléans. » — « Et moi, répondit plaisamment le marquis de Mirepoix, je demande qu'il soit dit qu'il a été rendu en l'absence du roi d'Espagne » (2).

Ni les amis, ni les adversaires de la branche d'Orléans n'avaient donc lieu d'être complètement satisfaits. Toutefois, grâce à la rédaction adoptée, les droits de la branche espagnole étaient formellement réservés, et le côté droit ne pouvait que remercier Target de son excès de zèle. Ce député avait involontairement servi

(1) Voici le texte de l'article tel qu'il a été promulgué dans la constitution de 1791.

La royauté est indivisible, et déléguée héréditairement à la râce régnante de mâle en mâle, par ordre de primogéniture, à l'exclusion perpétuelle des femmes et de leur descendance.

(Rien n'est préjugé sur l'effet des renonciations dans la race actuellement régnante.)

(2) Voir le récit complet des séances du 14 et du 15 septembre 1789 dans les Mémoires de Ferrières. (Bibliothèque des Mémoires relatifs à l'histoire de France pendant le dix-huitième siècle, t. XXXV, pages 155 et 160. Paris, Didot, 1880).

une cause qui n'était pas la sienne. L'issue du débat
apparaissait en somme mauvaise pour la gauche
orléaniste. Aussi Mirabeau exprima-t-il son mécontentement dans le *Courrier de Provence*. D'après lui, la
renonciation de Philippe V entraînait forcément celle
de ses descendants. Il ne pouvait prévoir alors la
renonciation que deux et trois ans plus tard Louis-
Philippe-Égalité allait faire et renouveler à son tour.

Le *Moniteur* du 7 décembre 1792 contient cette
déclaration du « ci-devant d'Orléans » à ses concitoyens :

Plusieurs journaux affectent de publier que j'ai des
desseins ambitieux et contraires à la liberté de mon
pays; que dans le cas où Louis XVI ne serait plus, je
suis placé derrière le rideau pour mettre mon fils ou
moi à la tête du gouvernement.....

Voici donc ma profession de foi à cet égard; elle est
la même que celle prononcée à l'Assemblée constituante
en 1791 :

« Je ne crois pas que nos comités entendent priver
« aucun parent du roi de la faculté d'opter entre la
« qualité de citoyen français et l'expectative du trône.
« Je conclus donc à ce que vous rejetiez l'article de
« vos comités; mais, dans le cas où vous l'adopteriez,
« je déclare que je déposerai sur le bureau *ma*
« *renonciation formelle aux droits de membre de la*
« *dynastie régnante*, pour m'en tenir à ceux de
« citoyen français. *Mes enfants sont prêts à signer*
« *de leur sang qu'ils sont dans les mêmes sentiments*
« *que moi.* »

Heureusement pour ses descendants, il n'avait pas
le droit d'engager l'avenir, et c'est le cas de redire les
paroles de Louis XIV et de ses ministres : « On peut
abdiquer pour soi, mais jamais pour sa race. » Du
reste, c'est ce que le constituant Dandré avait crié au

duc d'Orléans dans la séance du 25 août 1791 de
l'Assemblée Nationale, alors qu'il faisait la déclaration
par lui reproduite un an plus tard : « M. d'Orléans n'a
pas le droit de renoncer au trône pour ses enfants. »

De l'histoire de l'orléanisme nous n'avons à relater
ici que ce qui concerne la question des renonciations.
Franchissons donc les trente-huit années qui séparent
1792 des premiers mois de 1830.

Ce ne sont plus les maximes des vieux juristes et
des diplomates de l'ancien régime; ce n'est plus
l'opinion des adversaires de l'orléanisme dans la
Constituante de 89-91 que nous avons à reproduire.

Un nouveau témoin intervient : S. A. R. le duc
d'Orléans, tout à l'heure roi des Français par la grâce
de la révolution. Sa déposition, il est vrai, a été
recueillie par le prince de Polignac. Mais la loyauté de
l'intermédiaire ne saurait être suspecte à qui que ce
soit, et l'exactitude de ses souvenirs et de ses assertions
sera tout à l'heure confirmée par des documents tirés
des archives mêmes de l'orléanisme.

Le dernier président du conseil de la Restauration
publia en 1845, à la librairie Dentu, un ouvrage
intitulé : *Études historiques, politiques et morales sur
l'état de la société européenne vers le milieu du dix-
neuvième siècle.*

Aux pièces justificatives, pages 425 et 426, se trouve
une note (portant le n° 9), qui doit être citée en
entier :

« A l'époque à laquelle se traitait la question relative
à l'ordre de succession au trône d'Espagne, M. le duc
d'Orléans me rendait de fréquentes visites, le matin, au
ministère des affaires étrangères. Il me remettait
diverses notes tendant à prouver que Ferdinand VII
n'avait pas le droit d'abolir, par un simple décret, un
ordre de succession reconnu par l'Europe et garanti

par des traités. Il me pressait vivement d'engager le roi à prendre quelques mesures propres à rétablir les choses en Espagne dans leur ancien état. S. A. R. prêchait un converti; mais je devais encore garder le silence sur les projets que méditait le roi. Le duc d'Orléans crut sans doute que je ne partageais pas entièrement son opinion sur ce point; car il me dit un jour : « Ce n'est pas seulement comme Français que je prends un vif intérêt à cette question, c'est aussi comme père; dans le cas, en effet (ce qui n'arrivera jamais de mon temps), où nous aurions le malheur de perdre M. le duc de Bordeaux sans qu'il laissât d'enfants, la couronne reviendrait à mon fils aîné, pourvu que la loi salique fût maintenue en Espagne; car si elle ne l'était pas, la renonciation faite par Philippe V au trône de France, en son nom et au nom de ses descendants mâles, serait frappée de nullité, puisque ce n'est qu'en vertu de cette renonciation que les descendants mâles de ce prince ont acquis un droit incontestable à la couronne d'Espagne; mais si ce droit leur est enlevé, ils peuvent réclamer celui que leur donne la loi salique à l'héritage de Louis XIV. Or, comme petits-fils de ce monarque, ils passent avant mes enfants. »

Tels furent les propres mots que me dit alors M. le duc d'Orléans. Son raisonnement était juste, aussi n'ai-je pu comprendre le motif qui, depuis la révolution de Juillet, l'a poussé à méconnaître les droits de Charles V à la couronne d'Espagne, attendu que, dans sa propre opinion, il ne pouvait se dissimuler que, conformément à la vieille loi salique en vigueur chez nous depuis neuf siècles, au lieu d'un prétendant à la couronne qu'il porte aujourd'hui, il s'en était créé *dix* de plus. »

Ce que le prince de Polignac n'aura pas jugé à propos de consigner dans ses souvenirs personnels, mais ce qu'il savait parfaitement, c'est que le duc d'Orléans ne se contentait pas de harceler le ministre des affaires étrangères. Le prince avait à cœur de voir régler promptement la question. Aussi jugea-t-il à propos d'en parler au roi, qui lui fit cette réponse empreinte d'une si fine bonhomie : — « En effet, mon cousin, ceci vous regarde. »

Les projets auxquels M. de Polignac fait allusion dans la note qui précède consistaient, d'après lui (p. 236 et 237), à « n'envisager ce changement de succession au trône d'Espagne que sous le point de vue d'une simple question de famille, que les membres de la famille, dont le roi de France était le chef, étaient seuls appelés à résoudre ». Charles X voulait éviter d'en faire une question européenne, redoutant (ce sont encore les expressions mêmes de M. de Polignac), les complications européennes qui pouvaient en résulter. L'ambassadeur du roi à Madrid avait aussitôt protesté contre le décret rendu par Ferdinand VII, le 29 mars 1830, pour abolir l'ordre de succession semi-salique introduit par Philippe V. Le ministre des affaires étrangères approuva sa conduite, mais il lui manda d'attendre les instructions du département avant de renouveler cette protestation.

Le roi Charles X fit preuve en cette conjoncture délicate de l'habileté et des aptitudes diplomatiques qui faisaient de lui, au jugement de M. de Chabrol, le premier, le vrai ministre des affaires étrangères de France. Il s'abstint systématiquement de toute mesure qui pût attirer l'attention du monarque espagnol jusqu'au moment décisif. Un plan fut concerté avec le roi des Deux-Siciles lors de son passage à Paris. Aussitôt après son retour à Naples, ajoute le prince de Polignac, ce plan devait recevoir son exécution ; les membres de la maison de Bourbon *eussent été appelés en conseil de famille*, et on vient de le voir, ce n'est pas le duc d'Orléans qui se fut opposé à des résolutions énergiques. Mais sur ces entrefaites la révolution de Juillet éclata. Elle mit sur la tête du duc d'Orléans cette couronne de France qu'il craignait de voir échapper à ses enfants. L'action combinée des membres de la maison de Bourbon, telle que Charles X l'avait préparée, ne pouvait plus dès lors s'exercer. La politique extérieure de la France allait fatalement changer de caractère.

Est-ce à dire que sur ce point spécial les sentiments personnels de Louis-Philippe eussent varié? Non. Il pensait exactement au lendemain de l'usurpation ce qu'il pensait la veille, et les hommes d'État du nouveau régime, ceux du moins qui rêvaient la conciliation de l'ordre et de la révolution, partageaient l'avis du souverain.

Le prince de Polignac se demandait quel motif avait pu, après 1830, pousser le duc d'Orléans à méconnaître les droits de don Carlos à la couronne d'Espagne. Le duc d'Orléans devenu roi n'aurait pas méconnu les droits du prince espagnol s'il eût été libre de suivre ses propres inspirations. Ses ministres eux-mêmes, si dégagés qu'ils fussent des préoccupations dynastiques qui avaient inspiré ses démarches lors du premier décret de Ferdinand VII, ne pouvaient méconnaître l'intérêt que présentait pour la France le maintien de la loi semi-salique en Espagne. *Les mémoires de M. Guizot* (4° volume, p. 57 et suivantes) contiennent à ce sujet des aveux instructifs. Le ministre doctrinaire explique ainsi la ligne de conduite adoptée et suivie par le gouvernement français lors de l'intronisation d'Isabelle :

« En principe, dit-il, nous aurions préféré en Espagne le maintien de la succession masculine. » Et le motif qu'il en donne, c'est que la loi semi-salique de

Philippe V convenait mieux à l'intérêt français qu'un système de succession qui pouvait faire régner en Espagne comme époux de la reine un prince *étranger à la Maison royale de France.* » Expression significative sous sa plume. Aussi, « pendant que l'indécision durait encore ». c'est-à-dire pendant les tergiversations de Ferdinand VII et jusqu'à sa mort, M. de Rayneval, ambassadeur de France à Madrid, avait eu pour instructions d'agir en ce sens.

Mais ce que l'école de M. Guizot appelle « l'esprit libéral », devait naturellement prévaloir alors sur les traditions politiques et sur l'intérêt même de la France. Il n'y a pas d'autre solution au problème que se posait, quinze ans après la chute de la monarchie légitime, le dernier président du conseil du roi Charles X.

Suivons le résumé historique, ou plutôt le plaidoyer de M. Guizot :

En 1830, continue le ministre de la quasi-légitimité, en 1830, avant la révolution de Juillet, et au moment où l'on apprit à Paris que Ferdinand VII révoquait la pragmatique de Philippe V, M. le duc d'Orléans avait manifesté hautement son blâme : il s'était même efforcé de déterminer le roi Charles X et le roi de Naples à protester contre un acte qui compromettait l'avenir de la Maison de Bourbon. Le roi Louis-Philippe n'avait pas cessé de penser en 1833 ce qu'il pensait en 1830 comme duc d'Orléans. Il n'y avait donc dans le gouvernement français, à cette époque, aucun penchant antérieur et systématique en faveur de la jeune reine Isabelle ; mais, à tous les titres, son droit était pour nous évident. Charles IV, en 1780, et Ferdinand VII, en 1830 et en 1832, avaient eu, pour rétablir l'ancienne loi espagnole sur la succession au trône, le même droit que Philippe V, en 1714, pour l'abolir... Et puis Isabelle « avait pour elle dans la nation le parti libéral,

et à la cour le parti modéré, c'est-à-dire les hommes
qui avaient naguère énergiquement défendu l'indépendance de l'Espagne, et qui, maintenant, aspiraient
à y fonder des institutions analogues aux nôtres. »

Telle est l'apologie du ministre de la quasi-légitimité.
Il n'entre pas dans notre sujet de la discuter. La
conformité des souvenirs de M. Guizot avec les récits
de M. de Polignac, voilà le point important. N'est-il
pas remarquable de voir ainsi constater et affirmer par
le chef de la branche d'Orléans, avant et après 1830,
la permanence de la *loi*, du *statut* particulier de la
Maison de Bourbon?

Mais il reste à citer une dernière publication, ayant
celle-ci un caractère à vrai dire officiel, et qui, treize
années plus tard, vint mettre en pleine lumière le
jugement des hommes d'État de 1830 sur la portée
réelle des renonciations de 1712-1713.

Les renonciations, on le sait, avaient été réciproques.
Le duc d'Orléans comme le duc de Berri, avait renoncé, pour ses descendants aussi bien que pour lui, à
toute prétention au trône d'Espagne. Ces diverses
renonciations furent enregistrées en Parlement avec
celle de Philippe V.

Or, en 1846, à l'époque des mariages espagnoles, le
cabinet anglais voulut conclure de la renonciation du
Régent à l'inhabileté des descendants du mariage
de M. le duc de Montpensier avec l'infante Luisa
Fernanda à succéder jamais à la couronne d'Espagne.
De cette grave question des mariages espagnols, qui irrita
si vivement le cabinet de Londres et devança de si peu la
chute du régime de 1830, un seul détail mais non dépourvu
de signification, doit être consigné dans ce résumé. Le
gouvernement de Louis-Philippe ne se contenta point
de lutter par les moyens diplomatiques contre une
opposition qu'il tenait pour abusive. Il voulut mettre

tous les éléments de sa défense sous les yeux du public européen, et il fit appel dans ce but au concours d'un juriconsulte éminent, M. Charles Giraud. Sous ce titre : le *Traité d'Utrecht*, parut à la librairie Plon une brochure de 200 pages, dans laquelle M. Charles Giraud démontrait, avec toutes les pièces à l'appui, l'inefficacité absolue des renonciations consignées au traité d'Utrecht, sauf en ce qui concerne le « cumul » des deux couronnes.

Il faut se borner ; nous n'extrairons donc de cet écrit que les lignes suivantes (p 131 et 132), qui résument la thèse soutenue à bon droit, selon nous, par le cabinet français :

Il est des principes immuables sur la certitude desquels l'assentiment unanime des hommes a été acquis dans tous les siècles. Quelles sont les choses auxquelles on peut renoncer ? Celles dont on a la disposition actuelle et personnelle. Mais nul n'a le droit, ni heureusement le pouvoir, de mettre ses héritiers en état d'incapacité générale et d'imprimer ainsi un caractère de mort civile à une série indéfinie de générations. Des clauses si exhorbitantes sont forcément reléguées *dans le domaine des clauses de style*, qui n'ont jamais été tenues pour obligatoires dans le droit commun des peuples civilisés de l'Europe.

Et le juriconsulte conclut ainsi :

On ne doit donc s'attacher dans les renonciations qu'à leur cause déterminante et au but qui doit être atteint, et ce but étant seulement la prohibition du cumul des deux couronnes, il est évident que les termes des renonciations ne doivent et ne peuvent excéder les termes des traités eux-mêmes.

Nous le répétons, le caractère semi-officiel, selon l'euphémisme consacré, de cette brochure ne saurait être contesté. Elle ne fut pas seulement publiée en français. On la traduisit dans toutes les langues de l'Europe, et ces diverses éditions étrangères parurent en même temps que l'édition originale. Le Gouvernement souscrivit pour un grand nombre d'exemplaires des unes et des autres — c'est probablement trop peu dire — et il y a une vingtaine d'années les archives des affaires étrangères renfermaient encore beaucoup de ces volumes qui n'avaient pas trouvé leur emploi.

La brochure de M. Charles Giraud n'était rien moins, en un mot, qu'une consultation commandée par le Gouvernement à l'adresse des cabinets et des hommes politiques du monde entier.

Cette consultation, décisive à l'égard de l'Espagne, ne l'est pas moins à l'égard de la France. Pour prétendre le contraire, il faudrait adopter comme devise, en la retournant, la célèbre ironie de Pascal : « Vérité au delà des Pyrénées, erreur en deçà. » Quel politique ou quel juriste voudrait s'imposer à soi-même une pareille flétrissure ?

Les renonciations ont eu exclusivement pour but d'interdire à jamais « le cumul des deux couronnes sur la même tête ». Pour le surplus, elles sont nulles et de nul effet. *Clauses de style*, comme on dit dans les études de notaire. C'est la conclusion du jurisconsulte écrivant en 1846 au nom du Gouvernement de Louis-Philippe. C'est aussi celle de l'histoire.

S. LAURENTIE.

III

Portrait des princes d'Orléans par Louis Veuillot

On regrette volontiers que les princes d'Orléans, si braves soldats, se complaisent à garder une conduite civile qui se ressent peu de l'humeur des chevaliers. Au civil, ils sont laïques; nous ne pouvons pas écrire *pékins*. Ils sont avocats, négociants, bureaucrates, brasseurs de questions constitutionnelles; ils vont en omnibus, tout au plus en fiacre; ils ont un portefeuille sous le bras, un parapluie à la main. Tranchons le mot, ils sont chiches. Même lorsqu'il joue sa vie, un prince d'Orléans a toujours l'air de vouloir gagner ou économiser dix sous. Cette manie leur fait tort. Les petites vertus sont bonnes, mais il n'en faut pas trop, et il en faut d'autres. On dirait qu'ils ne connaissent pas de grandes cordes dans l'âme humaine. Il y en a, et ils les connaissent sans doute, mais ils ne les touchent jamais.

O Princes! l'âme des peuples, et l'âme française plus que les autres, appartient aux magnifiques.

Charlemagne, saint Louis, Henri IV, Louis XIV étaient de cette race ; pour bien dire, toute la monarchie française en était. Louis XVI, par la vilenie du temps plus que par sa faute, fut le premier roi bourgeois, roi des Français, non plus roi de France. Ce n'est pas la même chose! On tua le dernier roi de France avec fureur, le premier roi des Français avec mépris, comme un bourgeois. Si Louis XVI ne s'était pas relevé par l'échafaud, le trône bourgeois aurait fait de ce plus honnête des Français nous ne savons quoi, qui terminerait à jamais l'histoire de la royauté. On a encore aimé Napoléon, parce qu'on a pu le surnommer LE GRAND. Il était du moins grandiose, ou si c'est trop dire, il avait de la *grandiosité*,

Mais ni la grandeur. ni le grandiose, ni rien qui approche seulement de la grandiosité, ne peut tenir sous un parapluie. Le parapluie n'est jamais le sceptre, et c'est une erreur de croire qu'il en puisse tenir lieu. On abat le sceptre, on le brise, ou plutôt on l'enterre dans un abîme qui se remplit de sang, dit Shakespeare, et il peut repousser. Le parapluie, on le replie, on le casse, on le jette, on le laisse. Qu'importe à un peuple cet ustensile de ménage, ce bois sec, cette cotonnade? Dans le fond, il ne sert à rien ; il n'est ni arme, ni bâton, ni bouclier, ni maison, ni navire, ni pavillon ; il ne préserve pas même de la pluie, on ne le voit même pas, il n'est jamais magnifique, ne le sera jamais. ne peut pas l'être.

Voilà l'erreur des princes de la maison d'Orléans : ils sont obstinés à la conquête du parapluie ; ils font des efforts héroïques pour se procurer cet objet inutile et ridicule, et leurs efforts ou sont odieux ou se rapetissent et les rapetissent comme l'objet qu'ils poursuivent. Ce sont des princes qui n'ont besoin que d'un parapluie! La France sait qu'elle a besoin d'autre chose, et que jamais le parapluie qui suffirait à ces princes ne la couvrira tout entière, ni elle ni ce qu'elle doit couvrir. On peut lui dire que, d'une certaine façon, ces princes, très bons soldats, sont aussi très bons politiques ; elle ne le croit pas. La bonne politique est grande, elle a des inventions de grandeur qu'ils n'ont point. On peut lui dire qu'ils sont modestes ; elle répond qu'ils lui paraissent restreints, et que, s'ils s'en arrangent, elle ne s'en arrange pas. Qu'ils ne soient donc pas si prudents, si réguliers, si constitutionnels ; qu'ils ne fassent pas de si grands achats d'encre, de papier, de timbres-poste et de ficelles. — Je meurs, dit-elle, de souveraineté, de misère morale et d'ennui : je demande à voir quelque chose de beau, à admirer quelque chose de magnifique, à aimer quelque chose de grand. Est-ce qu'il n'y a plus rien de hardi, d'inaccoutumé, d'imprudent, de juste ? Est-ce qu'on ne verra plus un homme ? Je suis lassé d'avocats, de militaires gradés, de rentiers, de gens de lettres, de saltimbanques. Moi, la France, je voudrais voir des hommes !

Pendant que ces princes estimables supportent que des amis, estimables aussi, mais anonymes, fassent sonner leurs petites gloires et leurs petites bonnes mœurs, sans parvenir à faire autant de bruit que l'acteur en vogue, nous ne pouvons nous empêcher de rêver autre chose qui nous réveillerait davantage, qui leur vaudrait plus d'honneur et qui nous ferait plus de bien. Il nous semble, par exemple, que l'attention de l'Europe et celle de la France seraient autrement fouettées si, quittant de bonne heure cette Capoue des plaisirs et de la politique où ils n'ont pu faire rien qui vaille et rien qui pousse, ils avaient été combattre en Espagne, avec l'admirable Charles VII

pour la religion, la monarchie et l'ordre européen.
Quelle rumeur, sans doute, mais quel sentiment universel d'estime exciterait dans le monde entier la
franchise, la vaillance et la noblesse de cette action
si peu conforme aux mœurs actuelles des princes !
Songez donc ! Des princes aussi hardis que des évêques !
passant du côté du bon droit, au mépris de la force et
de l'opinion, au péril de leur fortune et de leur vie !
On saurait enfin ce qu'ils sont dans l'âme, à quelle
famille d'esprit ils appartiennent et quel est vraiment
leur parti. En donnant au roi d'Espagne un secours
désintéressé et cependant prépondérant et digne de la
maison de France, ils affirmeraient avec une souveraine
énergie leurs sentiments pour le chef de leur famille, et
ils prépareraient pour la France elle-même une alliance
dont elle peut avoir besoin. Une de nos frontières, au
moins, à l'abri...

Mais le parapluie s'ouvre et nous cache le reste du
rêve.

LOUIS VEUILLOT.

Paroles mémorables et programme politique
des Princes de la Maison d'Orléans

I.

« *Uniquement occupé de* mon devoir... *je vote pour
la mort* : »

Louis-Philippe, Joseph-Egalité.
(Procès de Louis XVI).

II.

« *Vous savez ce que sont les haines de famille ?
Eh bien ! celle qui divise la branche aînée de la
branche cadette ne date pas d'hier ; elle remonte à
Philippe, frère de Louis XIV.* »

Paroles de Louis-Philippe, 1ᵉʳ Roi des Français, à M. Boinvilliers,
(voir L. Blanc, *Histoire de Dix-Ans*).

« *J'ai toujours été opposé aux Bourbons de la branche aînée ; personne n'est plus que moi leur ennemi.* »

Louis-Philippe, à M. Arago, (voir *Histoire de Louis-Philippe*, par A. Dumas, T. II, p. 42).

III.

« *Il faut, que le Comte de Paris soit avant tout un homme de son temps et de la nation... qu'il soit catholique et* serviteur passionné, exclusif de la Révolution. »

Testament de M. le duc d'Orléans

IV.

« *Je resterai fidèle aux principes de conduite qui m'ont été tracés par le testament de mon père. Je ne me séparerai* jamais *du grand parti libéral qui, en* 1830, *a appelé mon grand'père au gouvernement constitutionnel de la France.* »

M. le Comte de Paris, Lettre à M. Roger, (du Nord).

« *Quant à moi, je sais déjà que je suis infiniment plus républicain que nos amis : c'est-à-dire que je n'ai aucune de leurs répugnances pour cette forme de gouvernement.* »

Lettre de M. Elesingre, 18 janvier 1871.

V.

« *Dans mon passé, dans les traditions de ma fa-*

mille, je ne trouve rien qui me sépare de la République. *Si c'est sous cette forme que la France veut
librement et définitivement constituer un gouvernement, je suis prêt à m'incliner devant sa volonté et
je resterai son dévoué serviteur.* »

M. le duc d'Aumale,
(Circulaire aux élections de l'Oise, 1ᵉʳ février 1871.

Et nunc erudimini ! Royalistes, ralliez-vous.

V

Madame la Comtesse de Chambord

———

Le 7 novembre 1846 le duc de Lévis épousait
Marie-Thérèse d'Autriche-Este, au nom de Henri de
France. Comme aux jours de 1820, les horizons étaient
beaux. On criait encore au Miracle !

Quelle merveilleuse aurore ! Quels cris universels
d'espérance et de joie ! On eût dit que l'avenir était à
eux, que les temps étaient accomplis, que Dieu lui-
même avait soulevé les plis du manteau royal. Le
premier soupir de Henri n'avait-il pas été une victoire
sur le crime impuissant ? Voilà quelle fut l'aurore ; au
couchant, une fin douloureuse, imprévue, couronnant
quarante ans d'exil et d'épreuves. Dieu voulait prouver
une fois de plus que sans lui « toute majesté est impuissante ». Après avoir donné l'espoir à la France,
il l'a replongée dans les abîmes de l'incertitude, ne

craignant pas de sacrifier l'*Enfant du Miracle* « à l'instruction du reste des hommes ».

Le roi de France a cessé de souffrir. Ceux qui restent, dit-on, sont le plus à plaindre. Jamais adage ne fut plus vrai. Celle qui est digne de pitié, c'est cette noble femme, cette grande isolée. Nous n'avons pas la prétention de la consoler, mais nos cœurs et nos accents tressaillent pour elle. La piété royaliste lui garde sa ferveur. La courtoisie française a pour elle des provisions de lis et d'immortelles.

***

Oh! les beaux jours que ceux de son enfance! Le beau soleil, le palais de marbre des aïeux, les bosquets d'orangers, l'ombrage des grands platanes. Et, dans l'imagination de la jeune fille, les ombres d'Eléonore et de Tasse, l'amour idéal du chrétien et le cliquetis des épées de Renaud et de Tancrède, sous les murs de Jérusalem. Puis les offices divins, les charités discrètes ; car la miséricorde grandissait avec Marie-Thérèse d'Este, et elle avait des entrailles de compassion pour les pauvres. Et dans ce cadre ensoleillé de jeunesse, de grâce native, une famille de patriarche, les vertus des aïeux promenées par les descendants, un petit prince immense par sa dignité, François de Modène, ne reconnaîtra ni les uns ni les autres, il luttera seul contre la révolution italienne, la secte le calomniera. Pour toute réponse, François montrera à l'Europe son armée s'exilant tout entière avec son prince bien aimé.

***

La princesse de Modène, *Geggina* — on l'appelait

ainsi dans le duché — grandit au milieu de tous ces exemples Le parfum de ses vertus se fit sentir au dehors. Il attira l'attention de l'exilé sur cette jeune fille « d'une piété vraie et solide, d'un cœur immense, tout pour les autres, rien pour elle ».

Pour Henri de France, les Bourbons exilés, cherchaient avant tout une chrétienne : ils trouvèrent une sainte. Le rêve de la duchesse d'Angoulème, celui de la duchesse de Berry, s'accomplissaient. Plus tard, quand le Dieu qui tient suspendue à sa ceinture la clef des générations humaines aura, dans ses desseins, ravi à la maison de Bourbon sa suprême espérance, des politiciens imbéciles, des prophètes du lendemain découvriront toutes sortes de conspirations matrimoniales. On aurait dû marier le duc de Bordeaux à une princesse du Nord. Elle et bien d'autres n'ont pas eu d'héritiers.

**

Lorsque l'on prononça le nom de Henri devant la princesse, son cœur battit à tout rompre. Les hautes adversités l'attiraient. Elle ne vit pas en lui l'héritier de cette couronne qui est, disait Grégoire de Tours, dès le VIᵉ siècle, « autant au-dessus des autres couronnes du monde que la dignité royale surpasse les fortunes particulières ». Elle vit bien en lui le blond paladin que toutes les femmes admiraient, mais surtout le chartrier de ses malheurs. Elle en fit le décompte devant sa foi, son amour et son courage. La hache de Samson, le poignard de Louvel, la captivité de la mère, l'exil du fils, ne la firent pas reculer. Ce n'était plus de l'amour, c'était de la dévotion. Cependant la petite-fille de Marie-Thérèse ne pouvait dédaigner les grandeurs morales. Elle devinait que Henri V élèverait son principe à de telles hauteurs, que les orages politiques ne sauraient l'entamer. En entr'ouvrant, après sa mort, l'arche sainte confiée à sa garde, la monarchie traditionnelle en est sortie immaculée comme sa vie, blanche comme son drapeau.

***

Dans Henri de Bourbon, elle épousa non seulement le roi, mais la France. Nulle femme ne fut jamais plus Française, l'histoire lui rendra cette justice. Ce n'est pas sous l'empire d'une émotion injuste qu'il faut juger la Reine. Si je ne m'étais pas interdit aujourd'hui toute récrimination politique, j'expliquerais, pièces en main, l'incident de Goritz. Pour juger Marie-Thérèse, il faut traverser avec elle les trente années qu'elle a vécues de la vie de Henri V. En tout temps, à toute heure, elle fut prête à faire à la France le sacrifice de sa tranquillité, de son bonheur, de cette vie d'adoration qu'elle menait à deux. On a dit qu'en 1873 elle avait pesé de tout le poids de son influence sur la volonté du Roi pour le dérober à son devoir, à ses destinées. C'est absolument faux. Que dans le fond de son âme, dans toutes les profondeurs de sa tendresse, elle eût envisagé avec terreur un avenir éclairé par la fusillade de la rue Haxo et l'incendie de Paris ; qu'elle fût aussi jalouse de la jalousie la plus délicate, de l'amour de Henri pour la France, il n'en faut pas douter. Elle ne le fit pas voir, et ce fut là sa bravoure.

***

Ah! certes, je n'en sais pas une plus Française dans mon histoire. Que Anne et Marie-Thérèse d'Autriche entrent triomphantes dans la France de Louis XIII et

de Louis XIV ; qu'elles y épousent avec joie les
apothéoses, les gloires et les bonheurs de la royauté,
je le conçois ! Que des filles de France, Marie-Caroline,
la dauphine, Louise de Parme, aiment la France ! Que
le sang lui-même disparaisse pour elles dans cette
histoire écrite avec l'épée sur des feuilles de laurier,
je ne m'en étonne pas. Mais cette Autrichienne, cette
nièce de Marie-Antoinette qui ne connaît la France que
par ses révolutions, ses crimes et l'exil de son mari,
dans quels sublimes devoirs avait-elle puisé son
idolâtrie pour nous? La patrie s'est incarnée en elle.
Son front rayonnait, son regard s'illuminait quand on
prononçait devant elle le nom de la France.

« — Quand un doute, disait-elle, m'arrive sur la
grande nation, je relis La Fontaine et Bossuet, et ma
foi est inébranlable. »

Comme les chevaliers de Pise qui rapportèrent en
Toscane du sable de la Judée, Henri et Marie-Thérèse
avaient transporté à Frohsdorf la terre sacrée de la
patrie. Ils y avaient planté les lys de France et ils
les arrosaient des larmes de leurs cœurs. Et l'Europe en
était émue.

Rejeté au large par une troisième tempête le vais-
seau de Robert le Fort n'amena pas son pavillon. A
bord de la nef de saint Louis, c'était toujours la France.
L'étranger n'aurait jamais osé s'y croire chez lui.

₊₊*

Nous avons prononcé le nom de *sainte*. Les chro-
niqueurs du temps futur, les sires de Joinville de cette
nouvelle Marguerite, ceux qui ont approché de cette
royale chrétienne, raconteront les secrets de sa foi,
de son amour, alors qu'il n'y avait plus d'espérance.
Que de fois, agenouillée aux pieds du Dieu vivant, n'a-

t-elle pas offert à Dieu sa vie pour le bonheur du Roi
et de la France ? Et ces holocaustes d'un cœur qui
saigne et se dévoue ne furent pas sans récompense ici-
bas. L'époux qu'elle avait choisi était plus qu'un Roi,
c'était un gentilhomme. S'il porta avec aisance la lourde
couronne des exilés, il porta la croix de la vie, les
mécomptes de l'existence, avec une grâce toute royale.
Il suffisait de passer quelques jours auprès d'eux pour
admirer l'union tendrement réciproque de ces deux
nobles créatures. Elles élevèrent les vertus domestiques
à la hauteur des vertus royales. Le prince avait des
égards charmants, des soins touchants pour Madame,
et Elle le lui rendait dans une tendresse qui avait quelque chose de céleste.

**

L'heure de la séparation sonna. Soit que la France
ne fut pas digne de son Roi; soit que la Maison de
Bourbon eût d'autres expiations à subir, comme un
tonnerre éclata cette nouvelle : « — Monseigneur
demande à la France des prières. » — C'était le cri de
saint Louis à Damiette : « — Oh! mes féaux, priez
pour moi! » Un duel de tendresse et d'héroïsme s'en-
gagea immédiatement entre les deux époux. Henri
tenait de ses aïeux le secret des morts immortelles. Il
avait la science des Calvaires. Comme saint Louis, il
assista à sa sépulture, en roi, en martyr. Il régla tout :
sa conscience, la fortune de ses neveux et son convoi.
Quant à la sœur de charité des Rois, Elle qui avait
bravé le typhus à Brunn au chevet de son frère, Elle
qui avait soigné la duchesse d'Angoulême et assisté
Louise de France à ses derniers moments, elle se
redressa de toute la hauteur de son courage. Pas un
des anges gardiens du Seigneur n'aurait pu la remplacer au chevet de Henri.

Il mourut cependant. La veuve est toute seule!..
Non, car il n'est pas un cœur français, un cœur fidèle,
qui ne soit par la pensée avec cette reine des vertus et
des douleurs.

***

Ce qu'on ne ravira jamais au peuple français, c'est sa
générosité native, cette fleur de chevalerie et de
jeunesse qu'il porte toujours parfumée dans son âme.
Quatorze siècles n'ont pu en dissiper la senteur. Et
c'est pour cela qu'il est le peuple de l'amour et de la
grâce.

Quand, sous la lance des sauvages, un jeune homme
tomba en soldat, aux latitudes de Sainte-Hélène, la
France n'eut qu'un cœur pour pleurer avec cette
noble dépossédée, cette veuve, cette mère qui eut ses
heures d'héroïsme et de patriotisme. Eh bien, la
France de saint Louis, de Henri IV, de Louis XIV, de
Henri V ne sera pas non plus infidèle à sa piété envers
une des plus grandes, une des plus touchantes infortu-
nes de nos annales. Le 7 novembre, elle s'associera
de toutes les puissances de son cœur à la douleur
de Marie-Thérèse Gaëtane d'Autriche-Este, reine de
France.

Puissent nos vœux adoucir pour quelques instants
une affliction sans nom!

Pour se consoler, Marie-Thérèse se transportera par
la foi et la prière dans les régions invisibles. Là elle
peut revoir celui qui régna sur son cœur, et sur son
siècle. Dans un Louvre éternel, il aura changé les
couronnes d'ici-bas pour des lis qui ne se faneront
jamais.

Prince de VALORI.

(Le *Figaro* du 6 novembre 1883).

Henri V et Victor Hugo.

———— ━━ ——

En ces derniers temps, plusieurs journaux ont reproduit les vers par lesquels Victor Hugo salua la
naissance du Comte de Chambord. Une pièce beaucoup
moins connue, inédite peut-être, est celle que composa
le poëte lorsque Henri V, préférant l'exil à la condition
de « *Roi légitime de la Révolution* », refusa franchement d'abriter ses droits sous le drapeau tricolore.
Nous devons cette communication à l'obligeance d'un
ami, à même d'être bien renseigné.

> J'étais adolescent quand vous étiez enfant,
> J'ai, sur votre berceau fragile et triomphant,
> Chanté mon chant d'aurore ; et le vent de l'abîme,
> Depuis, nous a jetés chacun sur une cime,
> Car le malheur, lieu sombre où le sort nous admet
> Etant battu de coups de foudre, est un sommet.

Le gouffre est entre nous comme entre les deux pôles.
Vous avez le manteau de roi sur les épaules,
Et dans la main le sceptre, éblouissant jadis ;
Moi, j'ai des cheveux blancs au front, et je vous dis :
C'est bien. L'homme est viril et fort qui se décide
A changer sa fin triste en un fier suicide,
Qui sait tout abdiquer, hormis son vieil honneur,
Qui cherche l'ombre ainsi qu'Hamlet dans Elseneur,
Et, qui, se sentant grand surtout comme fantôme,
Ne vend pas son drapeau même au prix d'un royaume ;
Le lys ne peut cesser d'être blanc. Il est bon,
Certes, de demeurer Capet, étant Bourbon,
Vous avez raison d'être honnête homme. L'histoire
Est une région de chute et de victoire,
Où plus d'un veut ramper, où plus d'un vient sombrer.
Mieux vaut en bien sortir, Prince, qu'y mal entrer.

VICTOR HUGO.

VI

La descendance de Saint Louis

————■————

Saint Louis (mort à Tunis en l'an 1270), en même temps qu'il laissait la couronne à son aîné, créait son fils ROBERT, Sire de Bourbon.

Au bout de plus de 300 ans, en 1589, les héritiers du fils aîné de saint Louis ayant manqué, la couronne revenait à un descendant du Sire de Bourbon, HENRI IV, qui ne put être roi de France qu'après avoir abjuré le protestantisme, 1589.

Il eut un fils qui fut Louis XIII, grand roi, mort aux bras de saint Vincent de Paul, et qui arrêta l'hérésie triomphante de la Réforme.

Louis XIII est la tige de tous les princes de Bourbon survivants.

Voici de quelle façon ces princes survivants descendent de lui, d'après les beaux tableaux de M. l'abbé Dumax :

LOUIS XIII

LOUIS XIV le Grand

Le Grand Dauphin, élève de Bossuet

Le duc de Bourgogne, élève de Fénelon

- LOUIS XV
  - LOUIS Dauphin
    - LOUIS XVI — FIN
    - LOUIS XVII — FIN
    - CHARLES X
      - DUC D'ANGOULÊME — FIN
      - DUC DE BERRY
        - HENRI V — FIN

PHILIPPE V, fait roi d'Espagne

- LOUIS Ier
- FERDINAND VI — FIN
- DON CARLOS duc de Parme, puis roi des Deux-Siciles puis roi d'Espagne sous le nom de CHARLES III
  - CHARLES IV, roi d'Espagne
    - FERDINANO VII roi d'Espagne
      - ISABELLE II ex-reine
        - ALPHONSE XII roi actuel
    - DON CARLOS premier prétendant (Charles V)
      - DON CARLOS second prétendant (Charles VI)
        - DON CARLOS prétendant actuel (Charles VII)
          - Le jeune pr. Jaime
  - FERDINAND Ier roi de Naples
    - FRANÇOIS Ier roi de Naples
      - FERDINAND II roi de Naples
        - FRANÇOS II vivant dépossédé en 1869 par Garibaldi
  - PHILIPPE duc de Parme
    - FERDINAND duc de Parme
      - LOUIS Ier duc de Parme
        - CHARLES II duc de Parme
          - CHARLES III qui épouse la sœur de Henri V et meurt assassiné
            - ROBERT duc de Parme dépossédé qui était auprès du lit de mort de son oncle Henri V

1er duc Le frère de Louis XIV, tige des ducs d'Orléans PHILIPPE

- LE RÉGENT 2e duc
  - LOUIS-PHILIPPE 3e duc
    - LOUIS-PHILIPPE 4e duc
      - PHILIPPE-Égalité 5e duc
        - LOUIS-PHILIPPE Roi des Français
          - DUC D'ORLÉANS mort d'accident rue de la Révolte
            - COMTE de PARIS et son frère
              - Les enfants du Comte de Paris.

L'Allemagne et l'Angleterre, alliées à la suite d'une longue guerre faite à Louis XIV, lui firent subir par le traité d'Utrecht, ces humiliantes conditions, que jamais les couronnes de France et d'Espagne ne pourraient être réunies sur une même tête, que Gibraltar, la clef de la Méditerranée, serait remise aux Anglais, et que Dunkerque, démantelée, ne pourrait plus être fortifiée, etc.

TABLE DES MATIÈRES

APPENDICE

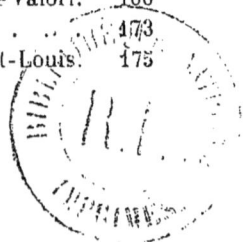

Imprimerie ROUSSEAU-LEROY

90

www.ingramcontent.com/pod-product-compliance
Lightning Source LLC
Chambersburg PA
CBHW072025080426

42733CB00010B/1816